認知バイアス

心に潜むふしぎな働き

鈴木宏昭

JN019072

ブルーバックス

カバー装幀／芦澤泰偉・児崎雅淑
カバーイラスト／出口敦史
目次・扉デザイン／齋藤ひさの
本文図版／さくら工芸社

はじめに

人の判断や行動はよく考えるとまったく合理的でないことがよくある。読者も「なぜあんな簡単なことに気づけなかったのか」「なぜ、こんなものを買ってしまったのか」「どうしてあの時同僚の愚かな意見に同意してしまったのだろうか」などの経験は数え切れないほどあるだろう。むろん私も例外ではない。後悔に苛《さいな》まれながら毎日を送っている。また周りの人たちのおかしな、あるいは愚かな行動に出会うことも少なくない。

通勤、通学のバスや電車でこんなことを感じることはないだろうか。「自分はいつもアンラッキーだ。反対方向のバス（電車）はよく来るのに、こちらはいつも待たされる」。あなたが野球ファンだとする。こんなことを思ったりしたことはないだろうか。「うちの四番は打率3割だけど、ここ数試合ヒットがない。今日はガツンとやってくれるだろう」。上司から冷たい言葉を浴びせられたとする。すると「あいつは超有名大出身のエリートだからな」と考えたりしないだろうか。日本経済の停滞を新聞で読んだとする。その時「日本の企業はイノベーションを起こせない、もうダメだ」と概嘆したりしないだろうか。仮に自分はそうでなくても、このように感じたり考えたりする人を思い浮かべることは簡単なのではないだろうか。

これらの背後には認知バイアスが働いている可能性が高い。

認知バイアスとは何か。まず言葉を分解して考えてみることにしよう。認知症という言葉があるおかげで誤解されることもあるのだが、認知とは「心の働き」全般を指す言葉である。心の働きはさまざまある。ものを見たり聞いたり、そこから何かを感じることから、何かを学ぶ、覚えるなどはもちろん認知である。また見たこと聞いたこと、知っていることを通して何かを考えたり、判断したり、創造・想像するのももちろん認知である。それらを人に伝えるために言語を用いて行うコミュニケーションもまた認知である。

一方のバイアスとは何だろうか。偏見、固執、先入観、偏った好みなどの訳語が辞書を引くと出てくる。「バイアスがかかっている」という言い方をよく聞くが、これは先入観にとらわれて物事の一側面にだけ注意が向けられ、その他の側面についての思慮が足りないことを指す。

このような次第だから、認知バイアスという言葉は、心の働きの偏り、歪みを指す。ただしだからと言って、精神疾患などに見られる心の働きを指すわけではない。こうした疾患を持たない人たちの行動の中に現れる偏りや歪みに対して認知バイアスという言葉が用いられる。

認知バイアスは学会だけでなく、社会でも注目を浴びており、類書は数多く出版されている。中にはノーベル経済学賞受賞者によるものもあったりする。こうした中で本書が強調したいのは、「人は賢いからバカであり、バカだから賢い」ということだ。もう少し丁寧に言うと、ある場面での賢さは別の場面での愚かさの原因となるし、ある状況での愚かさは別の状況で人が見せる賢さの裏面なのだ。そういうことなので、私たち人間の持つ認知の仕組みが、特定の状況に出会った時に認知バイアスが生み出されるという視点から進めようと思う。

こうしたアプローチは本書が最初というわけではない。40年近くこの分野で研究を重ねてきた私からすると、このアプローチは認知、思考の研究のコミュニティーの中で確実に広まっていると思う。これの利点は、「結局人は賢いのか、愚かなのか」という不毛な議論を避けられることにある。またこれによってなぜ認知バイアスが生み出されるのかを、頭蓋骨の中だけで考えなくてもすむという利点もある。さらに、もし認知バイアスにみられる人間の愚かさが状況との出会いから生み出されるとすれば、状況を変えることによりそのバイアスが生み出す後悔、事故、惨事を避けることもできると思う。そういう次第なので、本書ではバイアスを列挙するのではなく、また人は愚かですねと嘆いたり、驚いてみせるのでもなく、人の認知の仕組みとそれが用いられる状況の双方から認知バイアスに迫っていこうと思う。

本書を執筆するにあたって、韓亜由美さん（ステュディオ ハン デザイン）から貴重なアドバイスをいただいた。また青山学院大学大学院社会情報学研究科の横山拓さん、小田切史士さん、名古屋大学の二宮由樹さんから初稿について丁寧なコメントをいただいた。最後になるが、講談社の井上威朗さんには原稿の企画段階から第一稿完成段階までずっとお世話になった。また同社の須藤寿美子さんには完成間近の原稿について的確なアドバイスをいただいた。おかげで依頼からあまり遅れることなく、執筆完了することができた。心より感謝申し上げたい。

もくじ●認知バイアス　心に潜むふしぎな働き

第5章 自己決定というバイアス 103

第6章 言語がもたらすバイアス 137

第7章 創造（について）のバイアス 165

第1章

注意と記憶のバイアス

チェンジ・ブラインドネスと虚偽の記憶

私は20代前半から、かれこれ40年近く認知科学の研究をしている。このくらい長く研究をやっていると、むろん数は少ないが、ひっくり返るくらいびっくりするような研究に出会う。個人の趣味によるのかもしれないが、視覚の領域（視覚科学などとも言ったりする）、記憶の領域では特に驚くような研究が多い。この章ではこれらの研究を紹介しながら、人の注意と記憶における認知バイアスについて考えてみたい。

1.1 注意は限られている

驚くような研究の一つがチェンジ・ブラインドネスだ。実験は動画を用いて行われている。ただ、書籍という制約上、どうしても静止画像を提示するしかない。しかし、とにかく説明してみたい。なお動画サイトでチェンジ・ブラインドネスと入れれば、たくさんの動画像でこれを実際に体験することができる。

この動画では、白いシャツを着た3人の男女と黒いシャツを着た3人の男女が、同じ色のシャツの人同士でボールをパスし合っている。実験参加者の課題は、白いシャツのチームが何回パスしたかを数えることである。一所懸命というほどではないが、ほどほどに注意していないと数え間違えてしまう。そうやってビデオが終わった後に、「ゴリラはいましたか」と尋ねられる。一瞬何を言われているかがわからないのだが、もう一度、今度はパスの数を数えずに動画を見ると、ゴリラ（着ぐるみ）が画面右から左にゆっくりと歩いていくのが見える。そして中央に来た時は、胸をドコドコと叩いたりもしている。これを見て気づかなかった人は仰天するという次第だ。だいたい半数から2／3くらいの人が気づけない。これは非注意によるチェンジ・ブラインドネス（inattentional blindness）と呼ばれている。

この動画はすごく有名なので知っている人もほどほどいる。新しいバージョンの動画も紹介してみよう。この動画でもゴリラが同様に登場するのだが、他にも変化が仕組まれている。カーテンの色が赤から黄色に変わったり、黒チームのメンバーが1人減ったりするのだ。こうした変化をすべて指摘できる人はほとんどいない。

確かに、注意を向けていないものを認識できないというのはある意味で当たり前と思うかもしれない。だがこのゴリラは一瞬だけ現れるのではない。10秒以上かけて画面の端から端までを悠然と歩いていくのだ。こうした劇的な変化に気づけないというのは、いくら何でもおかしいのではないだろうか。

まったく別の文脈で行われた実験も同様のことを示している。この実験での課題は、さまざまな色のピースからなる見本図形と同じ形のものを、ピースの山から探し出して作るというものだ。仮に、見本では青いピースが右上に置かれているとしよう。ふつうに考えればピースの山から青のピースを探し出して、右上に配置するはずだ。しかし参加者のやり方はこれとは違う。ほとんどの参加者は、まず見本を見て、青いピースを取り出す。そしてもう一度また見本を見て、手にした青いピースを所定の場所に置く。こういうことを繰り返していく。

これは、私たちが色と場所を一度に頭に入れていないことを示している。おそらくピースを取るときには「青、青」とだけ考えている。このとき、青のピースの場所や向きには注意を向けられていないので、記憶されていない。だからもう一度見本を見て、青のピースの位置を確認しているわけだ。色と位置、向きくらい一度に覚えられないのかといぶかしむ人もいると思うが、残念ながら現実の作業の中ではそうした行動は見られない。さらに別の実験では、参加者が見本から目を離した隙に、見本の色を変化させたりもする。しかし、驚くべきことにほとんどの参加者はそれに気づけない。

これらの実験は、私たちの注意の容量はとても限られていることを告げている。私たちはあることに集中してしまうと、別のことに注意を向けることができなくなり、注意を向けていないところで相当に大きな変化が起きてもそれに気づくことができないのだ。

1.2 注意をしても見えない

図1・1　画面切り替え型のチェンジ・ブラインドネス：この2枚の写真が素早く交互に現れる。課題はこの2つの写真の違いを探すこと。
Rensink, R. A. (2005). Change blindness. McGraw-Hill Yearbook of Science & Technology. New York: McGraw-Hill.

前節の結果は注意を向けていないものに対しての見落としが起きることだった。では注意を向けていれば、変化は検出できるのだろうか。残念ながらそうではない。チェンジ・ブラインドネスは注意を向けていても生じる。これを画面切り替え型のチェンジ・ブラインドネスを通して考えてみたい。

まず図1・1にある2枚の絵を見てもらいたい。違いは明らかだろう。中央にあるエンジンが片方にはあるが、もう片方にはない。これに気づくのに5秒かかるという人はまずいないだろう。しかしこの2枚の絵が交互に提示されると、2つの違いを見つけることはかなり困難になる。講義でもよく使うのだが、10秒以内にわかるのは5パーセント内外に過ぎない。30秒くらい見せても半数くらいの学生は違いに気づけない。測ったわけではないが、私も30秒くらいはかかったように思う。

これがなぜチェンジ・ブラインドネスと呼ばれるかは、これで理解していただけたと思う。つまり私たちは明白な変化＝チェンジがあるにもかかわらず、それに気がつかない＝ブライン

図1・2　スロー・チェンジタイプのチェンジ・ブラインドネス：画面下に大きな面積を占めるメリーゴーラウンドの台座が明るいオレンジ色から暗いパープルに20秒程度かけて徐々に変化する。
http://nivea.psycho.univ-paris5.fr/#CB

ドなのだ。あまりに速く変化するため、細部まで見ることができないからではないかと思う人もいるかもしれない。しかし事態は逆で、すごく速く切り替えると、ほとんど瞬時に違いに気づいてしまう。

もう一つ紹介したい。これはスロー・チェンジタイプのチェンジ・ブラインドネスと呼ばれている。図1・2を見ていただきたい。これは切り替わるタイプではなく、変化が徐々に起きるのでスロー・チェンジと呼ばれている。何が変わるかというと、画面下にあるメリーゴーラウンドの台座がはじめは明るいオレンジ色なのだが、20秒くらいかけて徐々に暗いパープルに変化するのである。画面の1／4を占めるものの色が劇的に変わっているにもかかわらず、これには全然気づけない。私は3回くらい見てやっとわかった。学生に見せた時に、これが一度でわかるのは100名に1名程度しかいない。

私たちは自明なことに気づけない人に対して、「お前の目は節穴か」と嘲《あざけ》ったりする。しかし上記のことが示すのは、ほとんどの人の目が節穴ということだ。節穴になる理由は数多くある。まず私たちの視覚情報処理でだいじな働きを持つ、視覚情報を貯蔵する場所（視空間スケッチパッドと言う）の容量がとても少ないことが挙げられる。だいたい3〜5程度の情報しか保持できないとされている。たとえば、目の前にこの本、マグカップ、マーカー、鍵が置かれていたとすると、それらがあったことを覚えておくだけでこの貯蔵庫は満杯になる。また3〜5の情報という時に何を単位とするかも難しい。マグカップの位置、マーカーの色、鍵の形なども情報となる。だとすると、この光景を一瞬だけ見せられた後に、それらの色や配置も含めて正確に再現することは不可能になってしまう。

眼の構造も関係している。人間の眼はカメラなどとは違い、光の受容素子が均等に網膜に配列されているわけではない。私たちの視野は約200度程度と言われているが、はっきりと認識できるのは（たとえば文字を読むなど）、中心窩《ちゅうしんか》と呼ばれる、たった数度の角度内のものだけなのだ（だいたい60センチメートル先の数センチ程度）。だからチェンジ・ブラインドネスのような課題では、目を頻繁に動かし、場面のどこが違うかを精査しようとする。この移動はサッケードと呼ばれているが、このサッケードの最中は視覚情報の処理はまったく行われない。そういうおまけまでついている。

また画面切り替え型のチェンジ・ブラインドネスには、逆向マスキングと呼ばれる現象も関係している。認知心理学で意識、無意識の研究を行うときに、このテクニックがよく用いられる。ある視覚刺激を非常に短い時間（たとえば0・03秒）だけ提示した場合、細部まではわからないが、何かが見えたという意識が生じる。しかしその提示の直後にそれとは関連のない画像を1秒内外提示すると、その刺激を見たという意識が生じなくなるのである。つまり後の刺激に上書きされたようになる。図1・1で2つの画像を切り替えて提示すると言ったが、画面切り替え型では実はもう一枚、一面グレーの画像が非常に短い時間挿入されており、これがマスクとして働いている。通常ならば画像は2つとも意識されるのだが、マスク画像を入れることにより、初めの画像の視覚像が不安定、あるいは不完全なものになってしまう。だから変化を検知することが難しくなる。実際、マスク画像をとってしまうと、この課題はバカみたいに簡単になる。

なぜ画面切り替え型のチェンジ・ブラインドネスでマスク刺激がないとすぐにわかってしまうのだろうか。いくつか説明があるが、そのうちの一つは動き（モーション）の知覚に関わるものだ。私たちの眼は動きに対して敏感に働くようになっている。注視している正面でなくても、横で何かがちょっと動くと、私たちはそこに注意を向けることができる、というか向けずにはいられない。これは敵とか危険なものがそばに来た時にそれを避けるのにも役立つし、（人間はそういうことはしないが）餌が近寄ってきたなどの場合にうまく捕獲することにつながるという利点

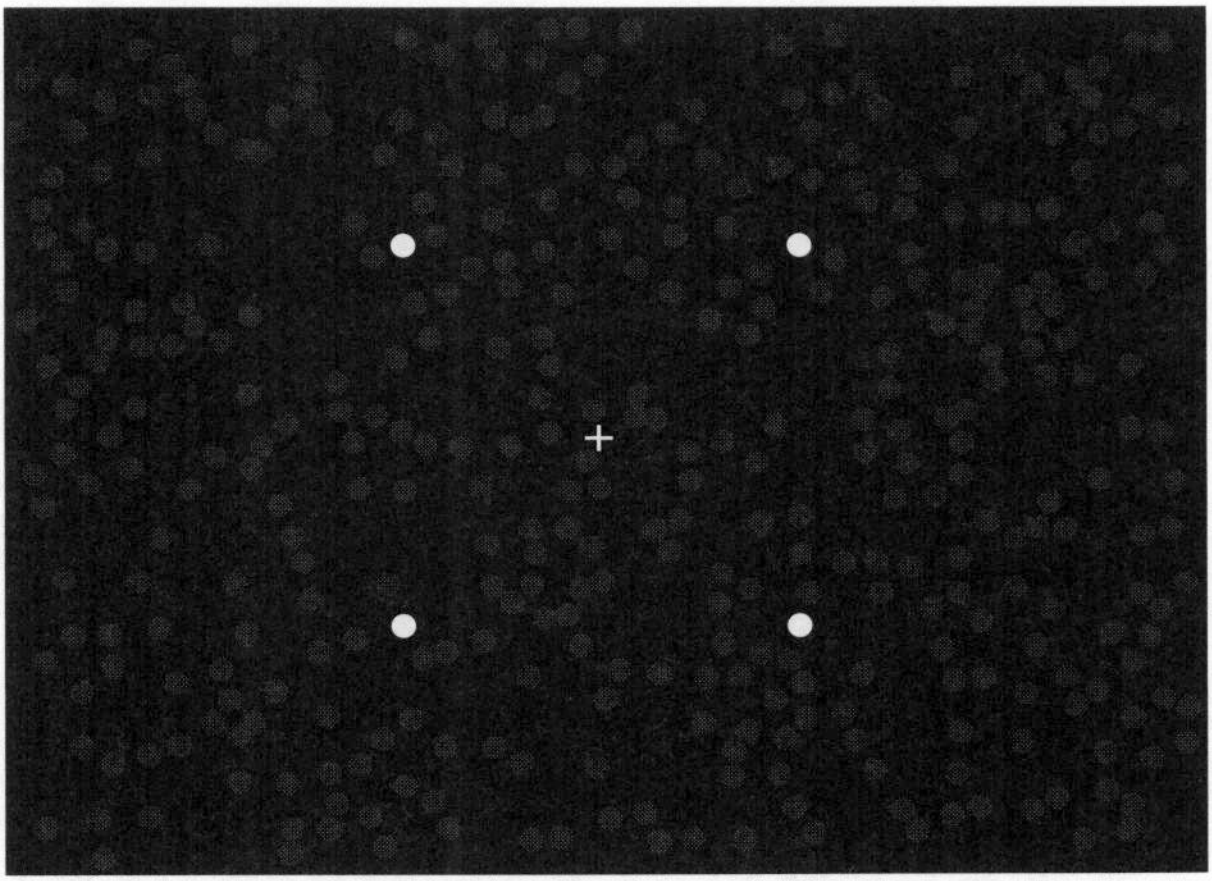

図1・3　4つの白い円のどれかを注視する。その後背景の小さな点がランダムに動き始める。しばらくすると、4つの白い円はすべてずっと表示され続けているのに、注視していなかった残りの白い円が見えなくなってしまう。

がある。さて、マスク画像がない場合は、変化した部分に動き（モーション）が感じられるようになる。するとそれが検知しやすくなるというわけだ。ブランクを非常に短くして高速で切り替えた時に検知しやすくなるのも、そこに運動が感じられるようになるからだ。またスロー・チェンジではいかなる動きも感じられないので、検出は困難になる。

運動を利用したものに、運動誘発型ブラインドネスというものがある。図１・３にある４つの白い円の１つを注視する。その後に背景にある小さな点がランダムに動き始める。しばらくすると、すべての白い円はずっと存在しているにもかかわらず、注視していない残りの３つの白い円が消滅し

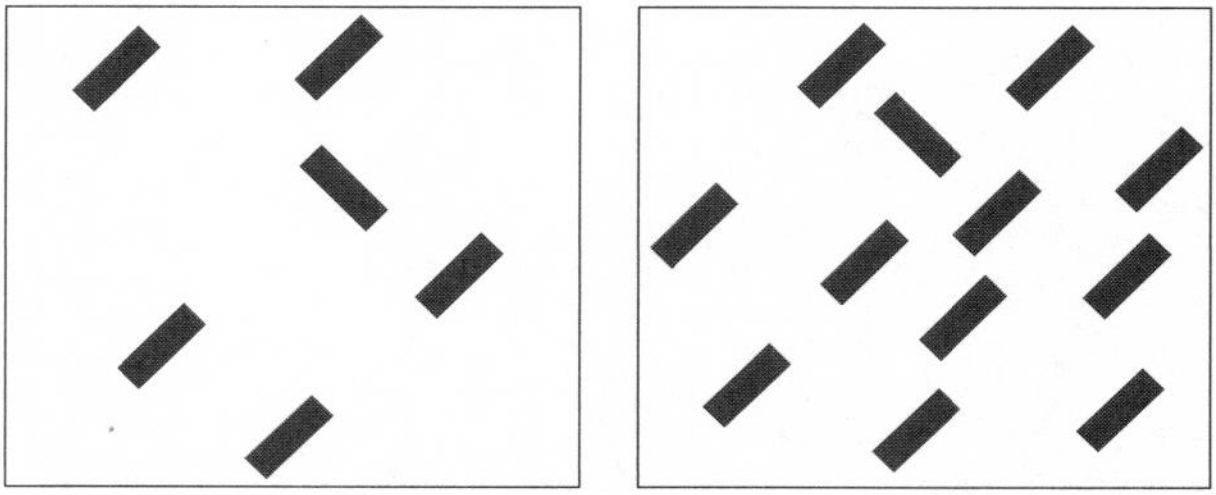

図1・4　特徴探索の例：各々の画像に一つだけ違ったものがあるか否かを答える。刺激の数に依存せず、ほぼすぐに検知できる。

てしまう（点滅の場合もある）。これは運動するものに（意識的ではないが）注意が向くことが原因の一つとされている。

1.3 2種類の注意

これまでに見てきた実験では、画像から何かの特徴を探し出すことが求められている。これらは視覚探索と呼ばれて、膨大な数の研究が行われてきている。これらの中でもっとも基本的な知見の一つに、注意は1種類ではない、というものがある。

まず図1・4を見ていただきたい。そして各々の画像に仲間はずれのものがあるか否かを判断してほしい。どうだろうか。一瞬で見つけ出すことができると思う。チェックするものが少ない左の図でも、左の2倍のチェック刺激がある右の図でもかかる時間はほとんど変わりないと思う。これらでは仲間はずれのものが飛び出すような感じでわかることから、ポップアウト型の視覚探索とか、特徴探索などと呼ばれている。

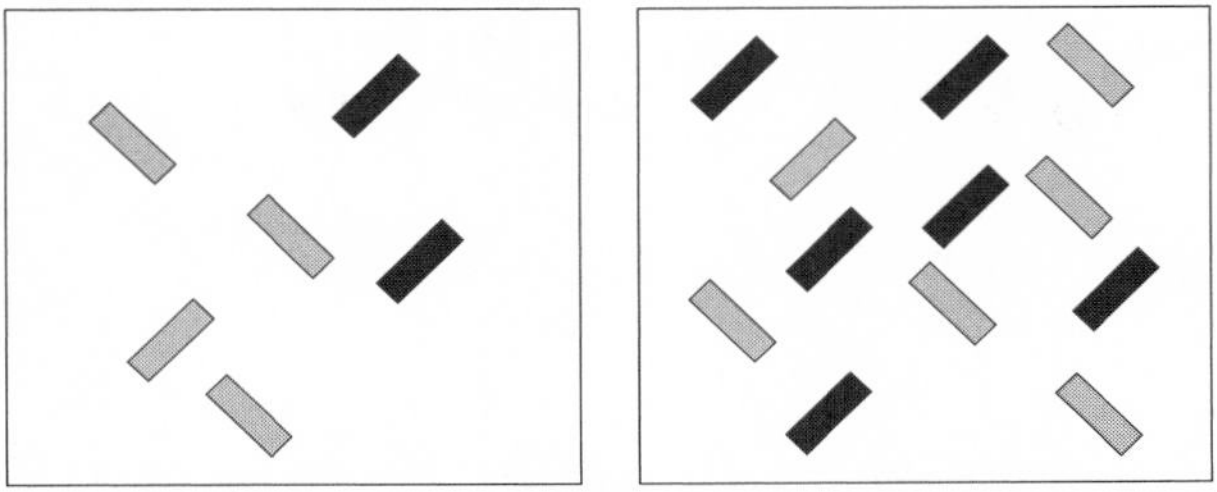

図1・5　結合探索の例：各々の画像に一つだけ違ったものがあるか否かを答える。刺激の数に依存し、数が多くなると反応が遅くなる。

では次に図1・5を見て、先ほどと同じことをしてみてほしい。どうだろうか。むろん見つけられると思うが、先ほどよりも時間がかかると思う。また刺激が6個の左よりも、12個の右のほうがずっと多くの時間を要したのではないだろうか。これは刺激の色と向きという2つの特徴を組み合わせた探索なので、結合探索と呼ばれている。この種の課題ではポップアウトが生じることはなく、刺激を順に一つずつチェックしていくという方法がとられる。

つまり注意には、一瞬で注意が向くようなものと、一つずつ順に注意を当てていくものという2つのタイプが存在する。こうした2種類の注意のメカニズムを組み合わせた理論が、トリーズマンとジェラードによって提唱され、特徴統合理論と呼ばれている。この理論に従えば、視覚システムは色、向き、形などを迅速に並列処理し、特徴マップと呼ばれるものを作り出す。特徴探索のような場合は、このレベルの処理結果を参照するだけですむので瞬時に検出が可能になる。一方、結合探索ではこれに加えて、一つ一つの刺激に順にスポットライトを当て、得られた特徴（図1・5では向きと色）を統合しながら順番に処理するシステムが働くとされる。こうして一つずつ処理を行い、その後に統合するという2段階の処理が行われるので、刺激の数に比例して検出時間が延びることになる。

さて、結合探索で見たようなメカニズムを使えば、前節のチェンジ・ブラインドネスでももう少し早く変化の検出ができるのではないかという疑問も湧く。ところが、さらに私たちの変化検出のメカニズムには特定のクセがあり、これが検出を妨げる可能性がある。チェンジ・ブラインドネスで用いられる絵や写真などは、視覚探索とは異なり、あるシーンを表している。スロー・チェンジの図1・2にはメリーゴーラウンドがあり、それを修理する人がおり、遠くに街並みが見える。こういう状況の持つ意味（これをジストという）の把握は実は瞬時にできてしまう。一旦このジストが把握されてしまうと、ジストにとって重要な意味を持つ要素の周辺に探索が集中してしまい、そうでない部分には注意が向けられない。私たちはこの課題を行っている時の参加者の視線を分析してみたが、ウマ、人、街並みという、このシーンの中心的な要素に集中的に視線が向けられ、台座あたりにはほとんど視線が向けられないことがわかった。これは変化を探し出す課題の最中であることを考えると驚きとしか言いようがないが、こうしたことも変化検出を妨げる。ちなみに参加者に聞くと、「上から下までくまなく探したけど見つからなかった」などと言う。これも不思議なことだ（これは事後的な「作話《さくわ》」なのだが、5章で詳しく述べる）。

1.4 記憶のバイアス、改変

チェンジ・ブラインドネスで変化に気づかないというのは、ある意味で記憶の欠陥とも考えられる。画面切り替え型で1枚目の写真が完全に記憶されていたとすれば、2枚目を見た時に違いを検知できるはずだ。これができていないから、違いが検知されないことになる。このような時に働く記憶は、記憶の中でもワーキングメモリと呼ばれるタイプの記憶貯蔵庫である。これは情報の一時的な貯蔵庫であり、ふつうの人が考える、いわゆる「記憶」とは違っている。コンピュータのRAMをイメージすると良いかもしれない。

さて記憶には他のタイプもある。代表的なのはエピソード記憶と呼ばれ、その名の通り、自分が出会う経験、エピソードを記憶しておく場所とされる。そしてこの記憶も相当な欠陥を抱えている。そしてその欠陥は、ワーキングメモリの欠陥とは異なるタイプの錯誤を生み出す。

もっとも代表的なのは、見ていないもの、経験していないものを、見た、経験したとする欠陥である。たとえば、「お通夜、線香、葬式、喪服、霊柩車、香典、お寺」からなるリストを覚えるように言われる。その後、これらの単語と、提示していない単語を合わせて、それらがリストにあったものか否かを答えてもらうテスト（再認テストと呼ばれる）を行う。そしてこのテストの中には「お墓」という、最初に提示していなかった単語を含ませておく（疑似餌という意味でルアー語と呼ばれる）。参加者はテスト項目一つずつにつき、yes/noで答える。すると「お墓」は見てもいないのに、yesという判断が下されることが多い。これはフォールス・アラームと呼ばれている。火事でもないのに火災報知器が警報を出してしまうのと同じということでこの言葉が用いられる。

この程度のことはよくある話だし、どうでもいいと思われるだろう。でも、もう少し深刻なものもある。自動車事故の動画を見せて、その後にその自動車が時速何キロメートルくらいのスピードだったかを推定させる。この時、ある参加者には「自動車が衝突した時、時速何キロメートルくらいのスピードでしたか」と尋ねる。別の参加者には「自動車が激突した時、時速何キロメートルくらいのスピードでしたか」と尋ねる。むろんどちらの参加者も見たビデオは同じである。しかし「激突」と聞かされたグループは、「衝突」グループに比べて15キロメートル程度その速度を多めに見積もってしまう。さらに「自動車の窓ガラスは割れましたか（実際には割れていない）」と聞くと、「激突」グループの1／3程度が割れたと答えてしまう（衝突グループは10パーセント強）。

ここでは、後から来た情報と整合的になるように、記憶の書き換えが生じているのだ。時速30

キロメートルと激突は整合的ではない、激突と車が無事も整合的ではない。そういうことから、記憶を書き換えているのである。実は、実験参加者はこうしたことを意図してやっているわけではなく、ほぼ自動的にそうしたことが行われてしまう。そこが怖いところだ。

1.5 目撃者証言を考える

こういう次第だから、目撃者証言などもかなり問題を含むことが了解できると思う。ずいぶんと古い実験だが、有名なものを紹介したい。これは実際のテレビ番組を用いた、２０００名以上の参加者からなる、かなりコストのかかる実験である。番組の中では、廊下を歩いている女性が突然現れた男性に突き飛ばされ、バッグから財布を盗まれる場面が13秒間放送される。その中の３・５秒間には犯人の顔がしっかりと映されている。この放送の後、視聴者にはあなたたちが目撃者である、と告げられ、２分後に６人の被疑者が１から６の番号札を持って並んでいる写真が見せられる。そして一人ずつはっきりと映された後に、報告用の電話番号が伝えられ、自分が犯人だと思う人の番号を電話で伝えるように指示される。ちなみに６人の中に犯人はいないという選択肢もあり、これは０の数字で答えるようになっていた。

これは７択の問題なので、ランダムに答えても14・３パーセントが正解する。さてどのくらいの人が正しく答えられたと思うだろうか。なんと正解したのは14・7パーセントに過ぎない。つまりでたらめに答えたのと変わりがないのである。また犯人は6人の中に存在したが、この中にはいないと答えた人(つまり0と報告した人)が1/4程度も存在した。

これはどのように考えれば良いのだろうか。ふつう目撃者が存在して、その人がある人を犯人だと証言すればほぼ有罪は確定と考えてしまうだろう。しかしこの結果は、そうした私たちの常識を覆す。多くの人はこれは信じられないと思うことかもしれないが、私は自分自身にもこうした体験がある。小学校6年生の3学期に、クラスの書き初めがすべて破られ、ぐちゃぐちゃになるという事件(?)が起きた。私を含む数名の児童が激怒している先生に呼ばれ、泣いているクラスメートの女子たちに謝罪を迫られた。私は絶対にしていないので、「していません」と答えた。すると泣いていた女子児童の一人が「鈴木くんがやっているのを見た。破った後に、それに乗って滑って遊んでいた」という証言(?)をしたのである。当時の私は驚きのあまり声も出なかったことを覚えている。

さらに不思議なものもある。それはオーストラリアで起きたレイプ事件である。この事件では被害者の証言により、ある心理学者が逮捕された。しかし彼はすぐに釈放されることになった(忖度《そんたく》のせいではない)。というのも、その時間に彼はテレビの生放送に出ていたからである。ではどうして被害者は虚偽の証言をしたのだろうか。実は彼女はその事件の直前まで、その心理学者が出演していた番組を見ていたからなのである。

そんなバカなことがあるのかと思われるかもしれない。しかし私たちは何を見たかは覚えているが、それをどこで見たかは意外に覚えていないものだ。誰でも「確かにあの人を見たけど、どこでだっけ」という経験はあると思う。私も大学で顔を知っている学生に会うが、その学生がどの講義に出ていたのか、それはいつなのかはほとんどの場合思い出せない。これはソースモニタリングの失敗と呼ばれている。つまり記憶のソース（源泉）がどこにあるのかがわからなくなってしまうのだ。むろん現実に出会ったものと、メディアの中で見たものとを混同することは稀だと思う。私たちの研究室でもパソコンの画面に映ったものと、その場所に実際に置かれたものを混同することがあるか、という実験を行ったが、ほとんど混同は生じなかった。しかしレイプというとてつもない経験の中ではそうしたことも起こる可能性があるということだ。

1.6 見えてもあるとは限らない

この章では視覚、注意、記憶におけるさまざまな人間のバイアスを見てきた。何かを見る、何かが見えるということは、人間の認知の中でも、また社会の中でも飛び抜けて重要なことだと思う。何かが見えるということは、それが存在することであり、存在していれば何らかの方法でそれを見ることができる。

人間社会はそうしたことを前提に作り出されている。信号や標識を設置すれば（つまり存在させれば）、それは見えるはずであり、それに従って行為をする。未知のウィルスを（顕微鏡などで）見れば、そのウィルスが存在していることがわかる。犯行を目撃したという人がいれば、目撃された人が犯人だと思う。

また覚えるということも、人間の生活の核心に存在している（人間とは限らないが）。ある場所で危険な目にあったということを記憶すれば、その場所にはできるだけ近寄らないようにする。妻の誕生日にチョコレートを贈ったら、とても喜ばれたという記憶があれば、また次の年も同じようなことをして妻を喜ばすことができる。脳血管障害があると四肢が動かなくなることを覚えていれば、四肢が動かなくなった時にその障害が生じたのではないかと病院に駆けこめる。

しかし本章で述べてきたことからすれば、見る、見えるということは存在の確証にはならないし、存在するからと言って必ず見えるかといえばそうではないことが導かれる。また記憶についてもそうであり、自分が見たことははっきりと記憶しているはずだと皆は思うが、記憶は脆弱であり、見たこともないことをはっきりと「記憶」したりもする。その一方で、直前に見た犯人の顔を取りちがえることもある。

そしてさらなる問題は、私たちの多くはこうした注意、記憶の欠陥について自覚していないことである。チェンジ・ブラインドネスには面白い研究がある。人が入れ替わるチェンジ・ブラインドネスが生じるような画像を見せて、「この人物が他の人と入れ替わったら、それに気づくことができるか」と問うと、ほぼ100パーセントの人が確実に気づくと答える。しかし実際に実験を行った時には約半数の人しか変化に気づけない（むろん別の実験参加者に行ったものである）。これは『「チェンジ・ブラインドネス」ブラインドネス』と呼ばれたりもする。

どうしたら改善できるのだろうか。本章で述べてきたような現象については膨大な数の研究がなされており、どういう場合に起きやすいのか、どんな時には起きないのかが報告されている。ただ、自分の努力だけでチェンジ・ブラインドネスを防ぐとか、記憶力を向上させるとか、そうしたことはほぼ不可能だと思う。私たちにできることは、見落としをチェックする、自分も含めた人の記憶の裏づけが十分かをチェックすることくらいなのではないかと思う。

1章の最後に一つ付け加えておきたいことがある。それは「見えていない」「聞こえていない」ものは、実は知らないうちに私たちのその後の行動に影響を与えることがあるということだ。これについては5章で取り上げてみたい。

ブックガイド

視覚、記憶は認知心理学でもっとも研究の進んだ分野である。これについては和書だけでも良書はたくさんあり、大変な数になるのだが、いくつか私がお薦めしたいものを以下に挙げる。

①『視覚科学』横澤一彦（2010）勁草書房
②『錯覚の科学』チャブリス・シモンズ（2011）文藝春秋
③『なぜ「あれ」が思い出せなくなるのか：記憶と脳の七つの謎』シャクター（2004）日経ビジネス人文庫
④『つくられる偽りの記憶：あなたの思い出は本物か？』越智啓太（2014）化学同人

❶は視覚と注意についての総説である。だいじな文献、知見は原典とともに挙げられている。❷は本書と同じタイプの書籍である。本書が取り上げなかった人のバイアスも取り上げられている。また知覚・注意以外のバイアスも数多く取り上げられている。❸、❹は記憶の錯誤についての一般向けの書籍である。レコーダーとしての記憶ではない、人の記憶の不思議さが楽しめる。知覚・注意に関して専門的に勉強したい人は、❶の著者が進めている統合的認知プロジェクトをまとめた『シリーズ統合的認知』（勁草書房）が良いと思う。

第2章 リスク認知に潜むバイアス

利用可能性ヒューリスティック

本章では、リスクの認知に潜むバイアスを考えてみたい。そしてそれが現代社会における各種のリスクの推定にどのような影響を与えるかについても考えてみたい。これを考える際には、リスクが与える影響と、それがどのくらい起きるか、つまり頻度を考える必要がある。

2 1 人は起こりやすさをどう推定するか

そこでまず次のような問題から始めてみよう。

最初がkで始まる英単語と3文字目がkの英単語はどちらの方が多いだろうか。

そもそも本書では引っ掛けのような問題を多数出すので、3文字目がkと答える人も相当数いるかもしれない。でも直感は最初がkの方が多いと告げたのではないだろうか。もともとアメリカで行われた実験なので、英語ネイティブの人も同じ判断をしている。この直感の理由は簡単だ。最初がkの単語はたくさん思い出せる、king, knife, kit, kind, knowなどなど。でも3文字目がkの単語はどうだろう。私はinkくらいしか思いつかなかった。だからkで始まる単語の方が多いと思ってしまう。ところが直感とは異なり、3文字目がkの単語は始めがkの単語の3倍もあるそうである。よく考えてみれば make, like, take などがある。

　このように思いつきやすさ、思い出しやすさで、発生頻度を判断するクセのことを、「利用可能性ヒューリスティック（availability heuristic）」と呼ぶ。つまり人は思いつきやすければ、また思い出しやすければ、その事柄はよく起きていると考えるのである。これを発見したのは、これからの章で何度も登場するエイモス・トヴェルスキーとダニエル・カーネマンたちだ。

　ｋから始まる単語の数などというのは、心理学者たちが実験室の中で行う幼稚な課題に過ぎないと思う人もいるだろう。しかしそうではない。何かの発生頻度、つまりある出来事がどの程度起きたのかは日常生活の中でもとても重要な役割を持っている。たとえば、パートナーと喧嘩した時に、すぐに謝り下手に出るか、口論を続けるかという判断は、これまで各々の態度でどれほどうまくいったかに依存する。下手に出ることでうまくいったケースが多ければ、今回も多分下手に出た方がよいだろう。幾何で長さを求める問題が出された時に、中学生が考えることも頻度に基づく。今まで線分の長さはほとんど三角形の合同で解けたと思えば、それを使うだろう。ここでは、解き方の成功の頻度、確率をベースにした判断がなされている。動物だってそうで、あっちの方に行くと餌がある経験が他より多ければ、その方向に進む。これはそれまでに、その方向に餌があった頻度に基づいている。

2.2 少ないことは多め、多いことは少なめ

さて、では私たちのこうした傾向がリスクの認知にどんな影響を及ぼすかについて考えてみよう。この分野の研究の礎を築いたスロービックやリヒテンシュタインたちによる大変に有名な研究がある。これは1970年代後半に行われたもので、アメリカ人が何によって死亡するか、その頻度を推定させるという課題である（ちなみにこの実験では交通事故の死亡者が年間5万人という基準情報を与えている）。すると、とても面白いことが判明した。事故死と病死はほぼ同じと推定されたが、実際は後者が15倍もある。また殺人と脳卒中は同程度と判断されたが、実際は脳卒中が11倍もあるし、洪水は喘息《ぜんそく》よりも多いとされたが実際は喘息が9倍もある。

この結果をグラフにしたのが図2・1である。これは対数グラフになっているが、縦軸が推定値、横軸は実際の死者数である。真ん中の直線に近ければ正しいことを示し、それよりも上ならば過大評価、下ならば過小評価を示している。曲線は回答を近似する二次関数である。

これを見ると、めったに起こらない事柄（ボツリヌス菌、竜巻、洪水など）はその発生頻度がかなり高く評定されている。一方、グラフの右側に記された、よくある病気が死因の評定値は直線よりもかなり下に置かれており、過小評価されていることがわかる。対数グラフなので一目盛

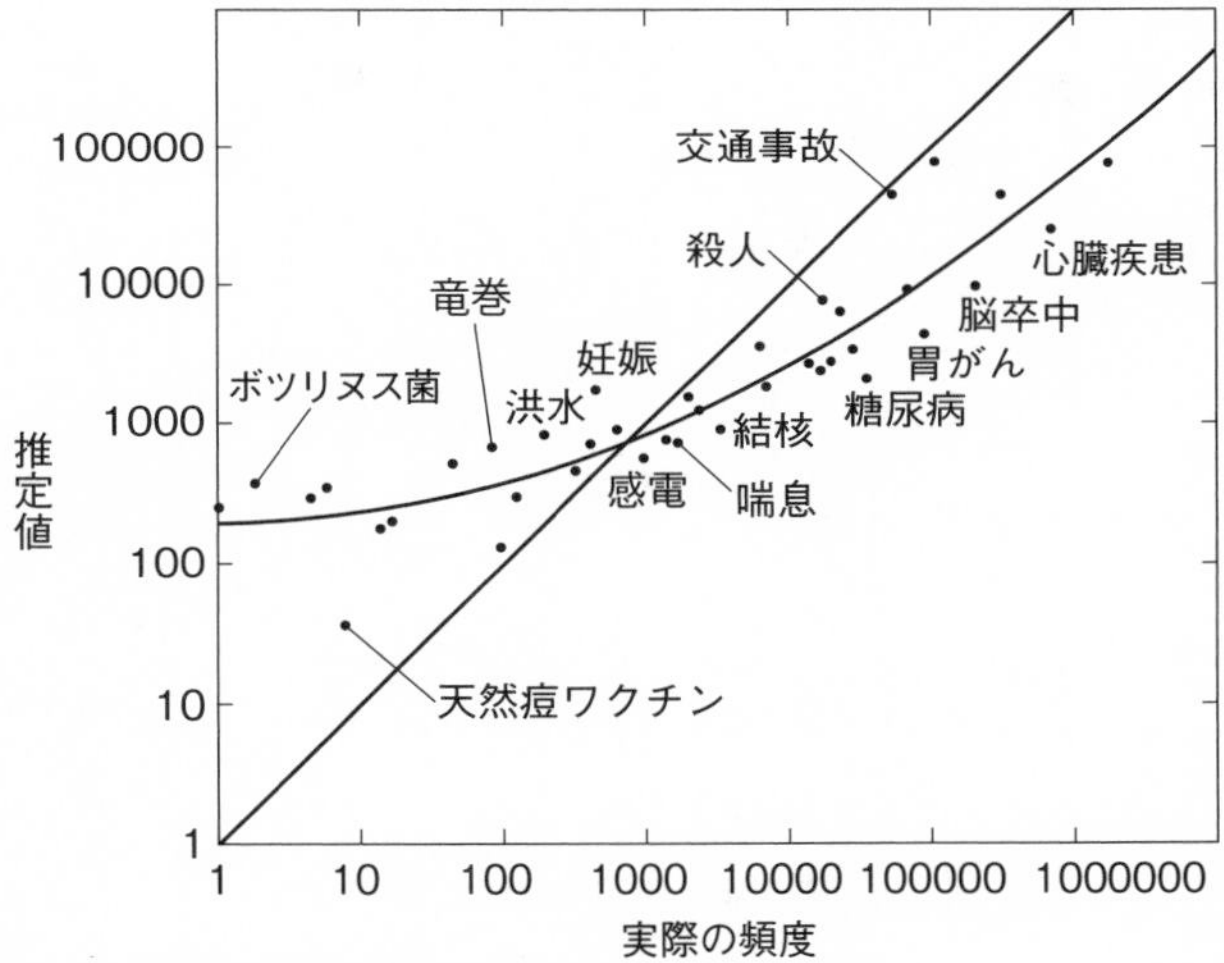

図 2・1　実際の死者数（横軸）と推定値（縦軸）
Lichtenstein, S., Slovic, P., Fischhoff, B., Layman, M. and Combs, B. (1978). Judged frequency of lethal events. Journal of Experimental Psychology: Human Learning and Memory, 4, 551-578.

り違えば、10倍ほど過小（過大）評価しているということに注意されたい。つまり私たちはめったにないことに怯《おび》え、よくあることには無関心ということになる。

この研究はずいぶんと前に行われたものだが、比較的最近のデータも面白い事実を伝えている。表2・1は、2002年以降の10年間のデータを元にして、アメリカ合衆国において、1年間に何人の人が何が原因で亡くなったかをハフィントンポストがまとめたものである。アメリカ人の約半数が脅威と思っているイスラム過激派による殺害は、芝刈り機による死亡の1／5以下、ベッドからの転落の1／70程度でしかない。

それらの死因に対する人数の推定値の

イスラム過激派（亡命者）	2
極右テロリスト	5
イスラム過激派（アメリカ市民を含む）	9
銃などの武器を持った幼児	21
雷	31
芝刈り機	69
バスの追突	264
ベッドからの転落	737
アメリカ人による銃撃	11737

表2・1　原因別年間のアメリカ人の死亡者数

データは存在しない。しかし、これは多くの人にとって相当に直感に反すると思う。イスラム過激派はもっと人を殺しているはずだし、芝刈り機で死ぬなんてあり得ない、というのが大方の反応ではないだろうか。しかし事実は異なっている。ここでも珍しいものの頻度を高く見積もり、よくあることの頻度を低く見積もる傾向が表れている。

　こうした私たちの傾向が、起きなくてもよい事故に繋がることもある。イスラム過激派のテロリストたちによってニューヨークの世界貿易センタービルに２機の旅客機が激突させられた事件を鮮明に記憶している読者は多いだろう。これによって約３０００人が亡くなり、６０００人以上が負傷した。さてその後の１年に起きたことはなんだっただろうか。ダン・ガードナーの『リスクにあなたは騙される』（早川書房）によると、それは交通事故による死亡者の増加である。９章で何度も登場するゲルト・ギーゲレンツァーの試算によると、この事件以来、飛行機をやめて車での移動を選択したゆえの死者数の増加は1年で1595名にも及ぶという（飛行機の搭乗者で亡くなったのは約250名）。

2.3 リハーサル効果と利用可能性ヒューリスティックの起源

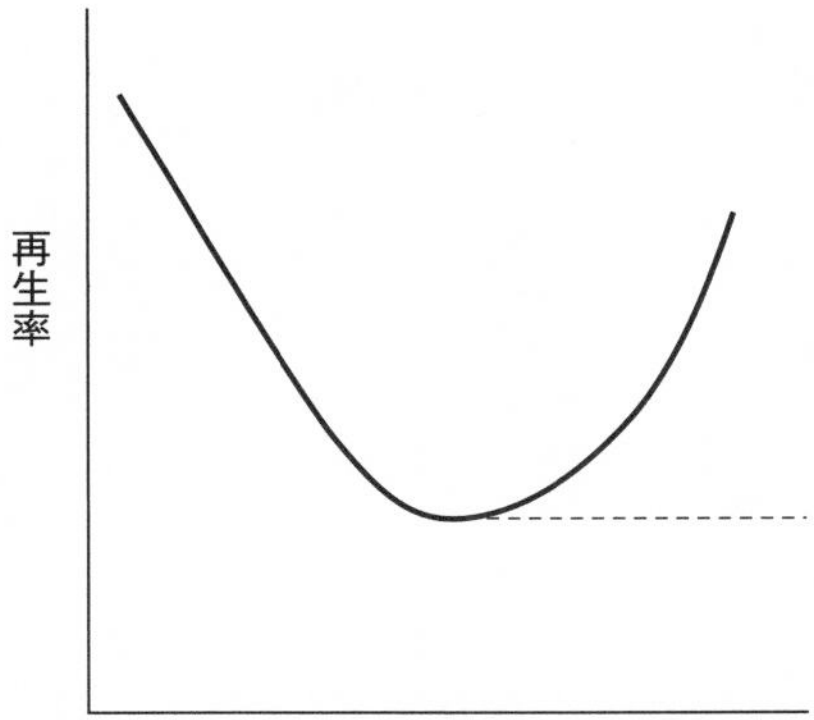

図2・2　系列内位置曲線：縦軸は再生率、横軸は単語が提示された順番を表す。実線は直後に再生を行った時の再生率、破線は途中に別の課題を挟んだ時の再生率を示す。

こうしたことはなぜ生じるのだろうか。なぜ思いつきやすさによって頻度を推定しようとするのだろうか。それには記憶のメカニズムが深く関係している。心理学の学生がもっとも最初に習うものの一つに、系列内位置効果というものがある。これは単語などのリストを読み上げられて、それを記憶する際に見られるものだ。図2・2は、横軸に単語が読み上げられた順番、縦軸にその再生率を示したものである。図からわかるように、最初と最後は比較的よく思い出されるが、真ん中あ

	つくえ	ほうき	ことり	さくら	きぶん
1語目	20				
2語目	10	10			
3語目	7	7	6		
4語目	5	5	5	5	
5語目	4	4	4	4	4
合計	46	26	15	9	4

表2・2　各単語ごとのリハーサルの回数

たりはあまり思い出されない。このような曲線はリストを読み上げた直後に再生テストをやれば、ほとんどどんなリストであっても現れる。

リストの最初の部分の再生率がよくなるのは初頭効果と呼ばれている。これが起こる仕組みはとても簡単だ。仮に「つくえ、ほうき、ことり、さくら、きぶん」という単語がリストに並んでいたとしよう。こういうものが読み上げられて、それを覚えなければならない時に私たちは何をするだろうか。多くの人は頭の中で読み上げられた単語を復唱するだろう。「つくえ」という単語が現れれば、頭の中で「つくえ、つくえ、つくえ……」と唱えるだろう。心理学者はこれをリハーサルと呼ぶ。

さて仮に一つの単語から別の単語に移るまでの間に20回ほどリハーサルする時間があるとしよう。するとはじめの単語「つくえ」は次の「ほうき」がくるまでに、20回フルにリハーサルできる。「ほうき」が読み上げられると、「つくえ、ほうき、つくえ、ほうき……」というようにする。すると各々10回リハーサルされる。これをまとめたものが表２・２である。

これを見ればわかるように、はじめの単語は他の単語に比べてリハーサルの回数がとても多い。このように頭の中で繰り返せば、覚える確率が格段に増す。これはリハーサル効果と呼ばれている。これは当たり前だろう。何度も練習したことは忘れない、繰り返しやればそのうち覚える、といったことは日常生活の常識だと思う。舞台などでリハーサルをやるのも、自分のセリフや動作を覚えて、本番で手間取ることなく、即座に演技ができるようにするためだ（ちなみに最後も思い出しやすいのは、まだ頭の中に残っているからだ。直後に思い出させるのではなく、別の課題を挟んだりすると成績は図２・２の破線のようになり、最後の項目の再生率は下がる）。

以上のことから、なぜ人は利用可能性ヒューリスティック、思い出しやすさを頻度の代わりに用いるかがわかる。何度も出会っていれば記憶によく残る。記憶によく残れば、すぐに思い出しやすくなる。逆は必ずしも真ではないのだが、このことを逆に考えてみると、思い出しやすさは記憶への定着を意味する。記憶への定着はリハーサル効果、つまり繰り返しに基づく。だから主観的には思い出しやすいことは頻繁に出会っていることを意味するのだ。

2.4 メディアと利用可能性ヒューリスティック

前の節で見てきたように、このヒューリスティックはおおむねうまく働く。しかし、むろん思い出しやすさは、リハーサルによるものだけではない。大変に印象的なことは、リハーサルの数が少なくてもすぐに思い出すことができる。図2・1で左寄りでも上の方にあるようなものは、印象に残るからだ。竜巻や洪水はめったに起きないが、多くの人が一時に被害にあうため、印象に残りやすいのだ。

利用可能性ヒューリスティックがうまく働かない点を考える上で重要なのは、メディアの存在である。印象的になるのはなぜだろうか。竜巻、洪水を実際に体験し、それが衝撃的であるために記憶に残る人も存在するだろう。しかし、多くの人は直接体験せずに、メディアを通してそれを知る。

さてメディアが報道するものには、どんな類のものが多いだろうか。きっと珍しいことが多いだろう。そして珍しさの度合いが上がれば上がるほど、メディアはその報道回数を増加させる。たとえばある日に2つの殺人事件が起きたとする。一つは高校生が同級生を刺し殺したもので、もう一つは前科3犯の暴力団構成員が敵対する組の幹部を射殺した、だったとしよう。あなたが新聞社に勤めていて、このどちらかについての記事を書かねばならないとすれば、どちらを選ぶだろうか。またテレビ番組の編成を考える立場であるとして、どちらの事件を長く放送するだろうか。間違いなく、高校生の殺人の方だろう。なぜならそちらの方が珍しいからだ。有名な言葉に「犬が人を噛んでもニュースにならないが、人が犬を噛めばニュースになる」というものがあるが、これはメディアの本質を突いている。

珍しいもの、つまりめったに起こらないことを報道するメディアの特性と、前節で述べたリハーサル効果に基づく利用可能性ヒューリスティックを考えると、非常におかしな結論が得られる。それは、メディア社会に生きる私たちは、めったに起こらないことほど、よく起きると考える、というものだ。

あなたは日本の少年犯罪についてどう思っているだろうか。少年の犯罪は増加しており、凶悪化していると考えているのではないだろうか。そういう人は、図2・3、2・4を見てほしい。これらの棒グラフ（左軸）はそれぞれ未成年者10万人あたりにおいて殺人と強制性交（強姦）を犯し、検挙された未成年の数である。また折れ線グラフ（右軸）は殺人、強制性交それぞれで検挙された人の中に未成年者が占める割合を示している。

始まりは1950年代からであるが、少なくともこの時間幅をとる限り、この2つの犯罪を犯す少年は激減、としか言いようがない。2つとも1970年あたりから急激に減少しており、こ

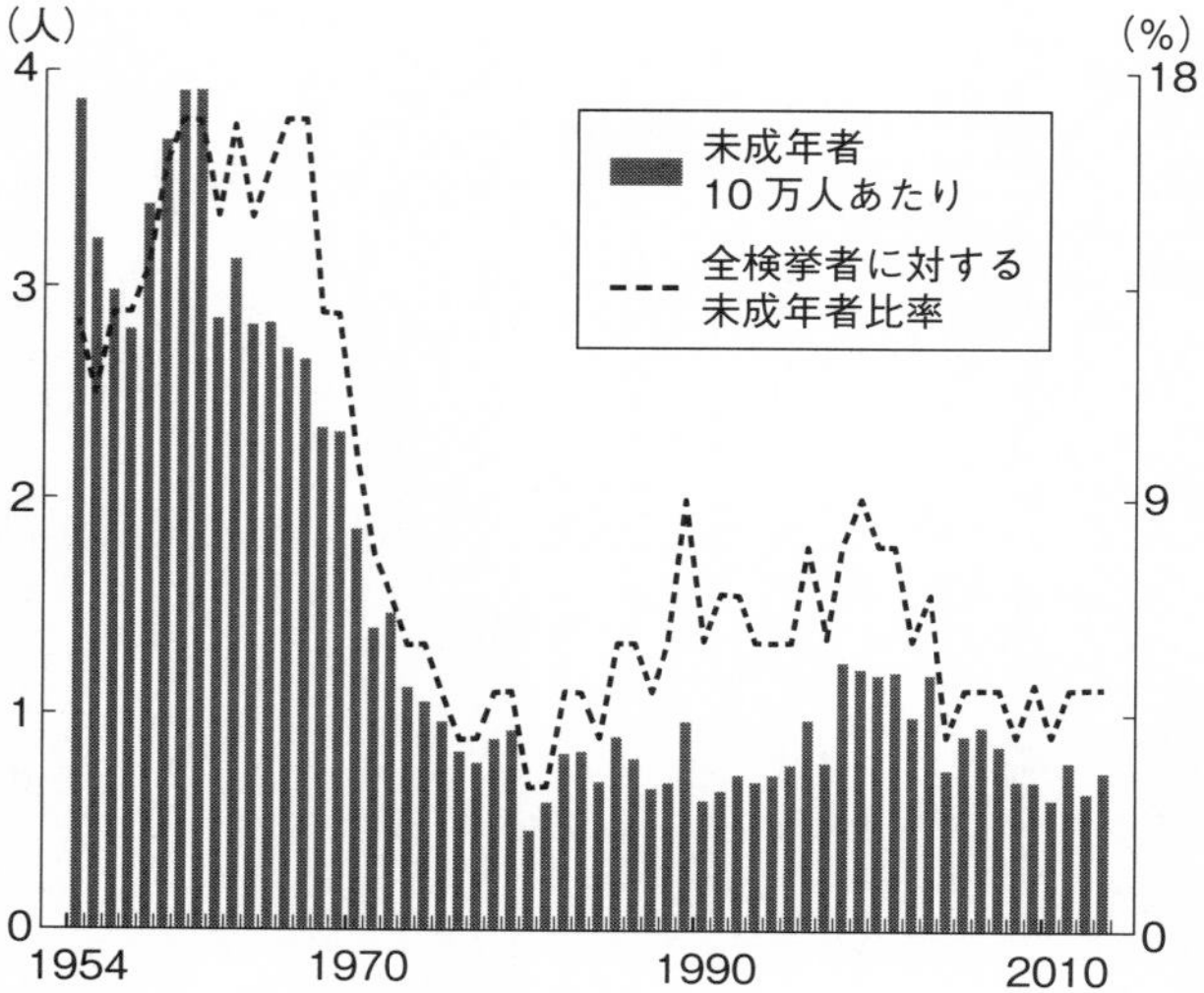

図２・３　未成年者の殺人検挙者数の推移

こ30年くらいは安定している。これは少子化の影響ではないかと思う方は、これがその時代時代の未成年者の10万人あたりの数であって、絶対数ではないことを思い出してほしい。また社会全体でそれらの犯罪は減っているが、少年犯罪は減っていないのではと考える人は、折れ線グラフを見てほしい。それらの犯罪に占める未成年者の割合も激減しているのだ。

こういうのは戦後しばらくの動乱期（？）と比較するからだと考える人もいるかもしれない。ただ平成30年間を見ても、未成年者が犯すこれらの犯罪は減っているか、少なくとも増えてはいない。平成の初めのほうは年間で１００名程度

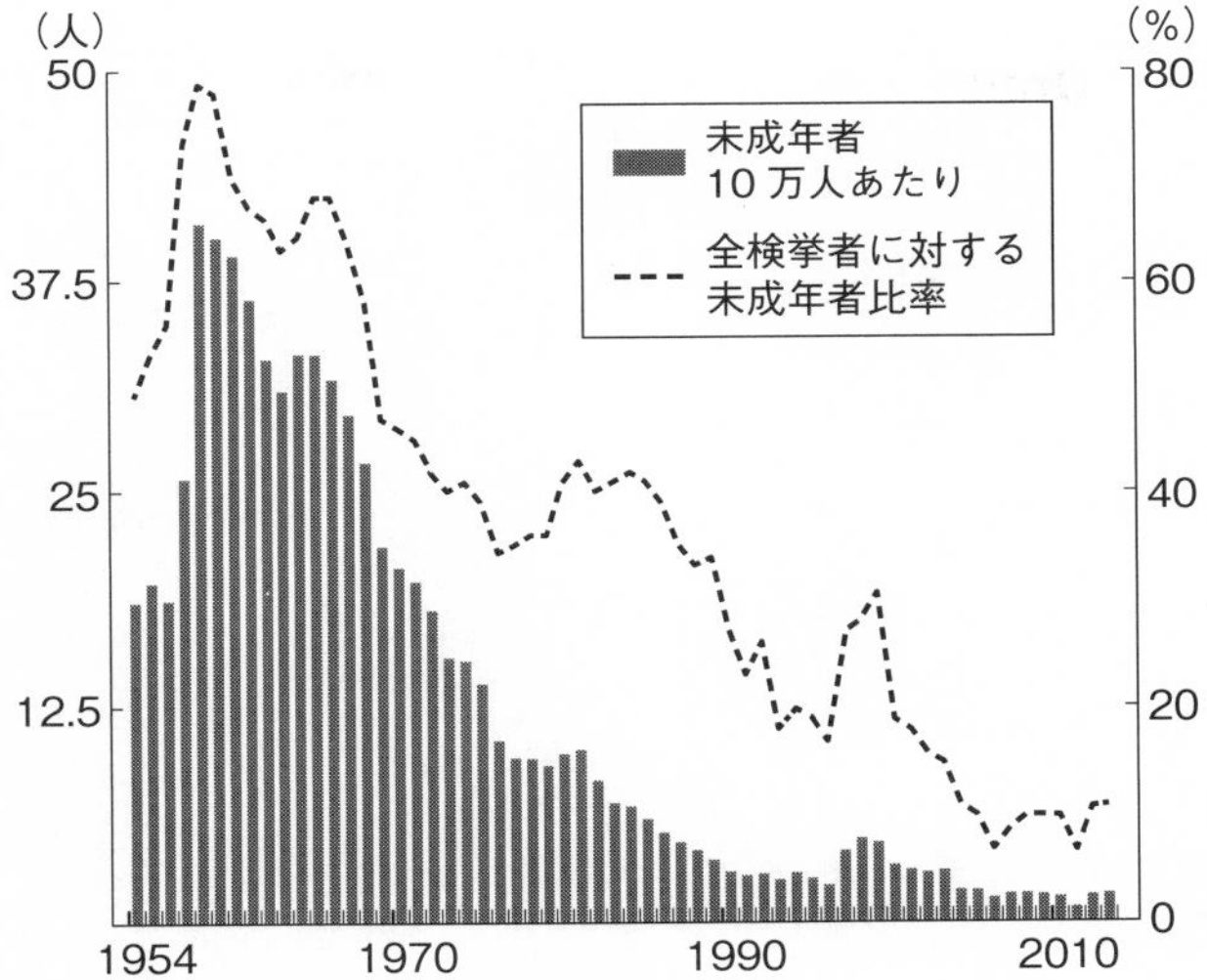

図2・4　未成年者の強制性交検挙者数の推移

（総数）の未成年者が殺人で検挙されているが、ここ4～5年は50名内外（総数）となっている（ちなみに成人の殺人検挙者数も2／3程度に減少している）。強制性交も同様で、総数では平成初期に400人程度の未成年者が検挙されていたが、ここ4～5年は150名内外となっている。

これが現実なのだが、多くの人はそうは考えていない。2015年に発表された内閣府の調査によれば、この5年間で少年による重大な事件が減っていると答えた人は2・5パーセントであり、約8割の人が増加していると考えている（ちなみにこの5年間に関しては「変わらない」が正解）。

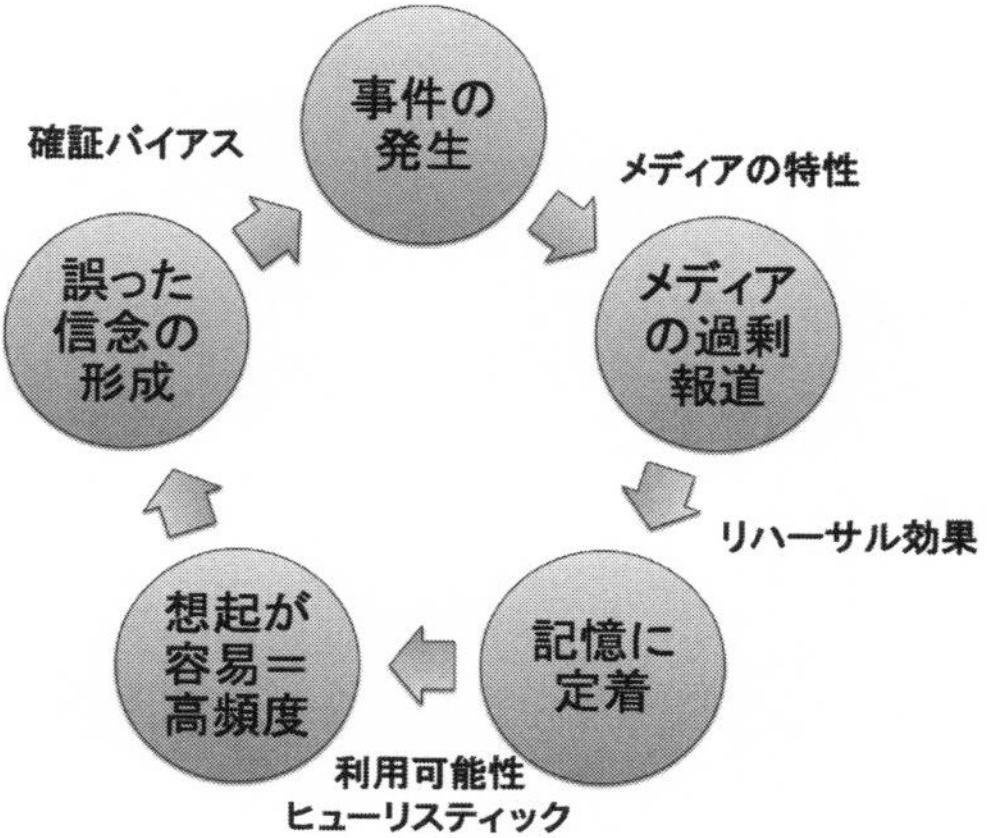

図2・5　メディアと利用可能性によって錯誤が生み出されるサイクル
鈴木宏昭（2016）。『教養としての認知科学』東京大学出版会。

どうしてそのような現実とはまったく異なる少年像を私たちは描いてしまうのだろうか。これはまさに、利用可能性ヒューリスティックとメディアの特性から生み出されたものと考えられる。１９９７年に神戸で起きた連続児童殺傷事件を例にとって考えてみよう。これは14歳の少年がきわめて残忍な方法で小学生を殺傷した事件ということで大きな話題となった。この時、マスメディアは連日のように多くの時間、紙面を使ってこの事件を報じた。やれその少年や被害者の生い立ちだの、交友関係だの、親、学校など、必要がないと思われることまで報道を繰り返した。事件の異常性もそうだが、このように報道が繰り返されると、リハーサル効果によってこの事件は強く記憶に刻まれる。すると思い出しやすくなり、その頻度が問われるような場面では、これをすぐに思いつくので頻度も高いと判断してしまう。これが私たちの錯誤の原因だ。この関係を表したのが、図2・5である。なおここで確証バイアスというのが出ているが、これは自分が信じていることに注目するという人のバイアスのことである。これについては4章で詳しく論じようと思う。

2019年に『ファクトフルネス』（日経BP社）という書籍の邦訳が出版され大きな話題を呼んだ。そこで取り上げられているものも、メディア絡みのこうした人間の錯誤に基づいている。冒頭に挙げられている13の質問のいくつかを取り上げてみたい（実際には選択肢になっている）。

1. 現在、低所得国に暮らす女子の何割が、初等教育を修了するでしょう？
2. 世界の人口のうち、極度の貧困にある人の割合は、過去20年でどう変わったでしょう？
3. 自然災害で毎年亡くなる人の数は、過去100年でどう変化したでしょう？
4. 世界の1歳児の中で、なんらかの病気に対して予防接種を受けている子供はどのくらいいるでしょう？
5. 世界中の30歳男性は、平均10年間の学校教育を受けています。同じ年の女性は何年間学校教育を受けているでしょう？

1の答えは60パーセント、2、3の答えは半分になったと半分以下になった、4の答えは80パーセント、5の答えは9年だそうだ。『ファクトフルネス』を読まずに、これに全部正解できた読者はとても少ないのではないだろうか。私も大学生40名に同じテストを行ってみたが、正解率が50パーセントを超えたのは、この5問以外の地球温暖化についてのものだけであり、全体では20パーセント弱の正解率だった。

これらの誤解にもメディアの影響はとても大きいと思われる。正確な統計があるわけではないが、メディアはそもそもネガティブなことを強調するように思える。特に戦争、テロ、自然災害はとても大きなスペース、時間を割いて報道するし、貧困、女性差別、子供の命についてもそうだ。むろんこれが悪いと言っているわけではない。戦争やテロは0になれば幸せだ。自然災害の危険を知ることで、次回への対策が促進されることもあるだろう。低所得国の女子の6割ではなく、全員が初等教育を受けられれば良いし、予防接種もなんとかして残りの2割の子供まで届くことが望ましい。ただネガティブな面を強調した報道が繰り返されると、私たちは世界全体がどんなふうに変化しているのかを完全に見誤ってしまうのも事実なのである。

『ファクトフルネス』の著者ロスリングによれば、50年、100年という単位で見た時、私たちの住む世界は格段に安全で、豊かな方向に向かっているという。一方、そうした中で犯罪や貧困はより珍しくなり、メディアのネタとなる。その中でも特に稀な凶悪犯罪、著しい貧困は繰り返し報道される。そしてそれらは私たちの記憶に定着し、思い出しやすくなる。すると利用可能性ヒューリスティックは、世界の全体的な動向とはまったく逆の信念を植えつけてしまうのだ。

ロスリングたちは人間がとらわれがちなバイアスを、10個の本能としてまとめている。彼らの本は、大変に素晴らしく、私もこれでずいぶん勉強したが、こうしたことを「本能」と呼ぶのは間違っているし、危険だと思う。これについては9章で詳しく論じたい。

2.5 記憶に作用する諸々の要因

思い出しやすさに影響するのはメディアによるものだけではむろんない。自分に関することもそうだ。有名な研究に、夫と妻の家事への貢献の度合いをパーセントで表すというものがある。各夫婦ごとにたし算をするとほとんどの場合、１００パーセントを超える値となる。これは自分のことだといくつもすぐに思いつくからである。専業主婦家庭の夫の貢献はほとんどの場合10パーセント未満だろう。しかし夫は、この間洗い物を片付けた、子供を散歩に連れて行った、買い物に付き合って買ったものを運んだ、などのごくわずかな貢献（？）をすぐに思いつく。すると自分はずいぶんと貢献しているような気になってしまう。夫婦喧嘩の原因はここにもある。

想定外、予想外というのも印象に残り、これが記憶を増幅し、そしてその発生頻度を見誤らせる。これについて面白いエピソードが、私の大好きな精神分析学者の岸田秀のエッセイに記されている。彼は若い頃から、自分は自己主張が弱く、謙虚な人間であると思っていたらしい。しかし何十年ぶりかの同窓会でその話をした時、友人たちにひどく驚かれたという。彼らは岸田をまったく逆の人間であると言い、その証拠写真（岸田がいつでも中央に写っている）まで持ってきたという。推測なのだが、岸田の誤解の原因は予想外ということにあるのではないかと思う。実際にはわがままであったらしい岸田は、稀に発揮される謙譲をそれが稀であるがゆえに強く記憶し、それが積み重なって自分は謙虚だという信念を作り出したのではないだろうか。

自分に関わることを記憶しておくのはとてもだいじなことだ。自己というものはそもそもそうしたエピソードの集積だからというのが理由の一つだ。過度の飲酒などにより昨日の記憶がないなどということになると、私たちは非常に強い不安を覚える（慣れればさほどでもない、というのが個人的な意見だが）。また予想に外れたことを記憶しておくことは非合理なことではまったくない。そうしたことをしっかりと心に留めて、次回に備えるというのはとても重要なことだからだ。ただ、だいじなのは、これらが絡む事柄は発生頻度の推定には使わないほうがよい、ということだ。

2.6 ヒューリスティックの誤作動と逆利用

物事の起こりやすさを判断しなければならない場面は多い。その際、何かが起こるたびにノートに「正」の字を書いていくわけにはいかない。メディアのない、直接経験の世界の中だけで生きていれば、利用可能性ヒューリスティックはうまく働くことも多いだろう。しかしメディアを通した間接経験が主となる現代社会においては、このヒューリスティックは完全に誤作動してしまう。メディアは珍しいこと、つまりめったに起きないことほど集中的に報道する。するとリハーサル効果により記憶に定着し、利用可能性ヒューリスティックが働くことで、現実とはまったく逆のリスク頻度の推定を行ってしまうのだ。つまり、私たちは同じタイプのことが100回起きることと、そのタイプの一つの事例について100回聞くことを区別していないのだ。

うまくいく場面も多いし、いつでも正確な統計情報にアクセスできるわけではないのだから、簡単にこのヒューリスティックを捨て去るのは賢明ではない。ただ一つ面白い研究がある。それはダニエル・シュワルツとタマラ・ブラックたちによって行われた自己主張の強さについての自己評価を求める実験だ。一つのグループはこの評価を行う際に、自分が過去において自己主張をした例（「家族はレストランがいいと言ったが、自分は寿司屋に行こうと言った」等）を6つ書き出してもらう。もう一方のグループは12例書き出してもらう。さて例を書き出した後の自己主張の評定値はどちらのグループの方が高かっただろうか。一見、12も例を書き出せば、それに比例して自己主張の強さは高くなるように思える。しかし、実は6つの方が自分の自己主張の度合いを高く評価する。

理由は次の通りだ。6例程度書き出すのは多くの人にとってさして難しいものではない。しかし12も書き出すとなると、後半の方はなかなか思い出せなくなる。こうした「思い出しにくさ」があると、その頻度は高くないと無意識的に考えてしまい、結果として自分はさほど自己主張していないという評価につながる。

利用可能性ヒューリスティックをこの方法で克服できると考える人もいるかもしれない。しかし事態は逆で、利用可能性ヒューリスティックを逆利用したと考えるべきだろう。

ブックガイド

① 『ファスト&スロー：あなたの意思はどのように決まるか？（上・下）』カーネマン（2012）早川書房

② 『リスクにあなたは騙される』ガードナー（2014）早川書房

③『ファクトフルネス』ロスリング他（２０１９）日経ＢＰ社
④『教養としての認知科学』鈴木宏昭（２０１６）東京大学出版会
⑤『批判的思考と市民リテラシー：教育、メディア、社会を変える21世紀型スキル』楠見孝・道田泰司（２０１６）誠信書房

❶は本書でも何度も登場し、行動経済学という分野を築いたノーベル賞受賞者のダニエル・カーネマンが一般向けに書き下ろしたものである。そもそも認知バイアスという存在を知らしめた人の著書であり、研究にまつわるエピソードも含めて、とても楽しく読める。この本は、この章だけでなく、次の章、最後の章でも参照している。❷はジャーナリストの手によるもので、さらに読みやすいかもしれない。社会からリスクが減少していく中で、私たちがリスクに一層過敏になる姿が豊富なエピソードで露わにされる。❸も同様の趣旨で書かれたもので、２０１９年に読書界の話題をさらった本である。❹は私自身によるものであり、バイアスについて書かれた本ではないが、リスクに関するバイアスがメディアで増幅される認知メカニズムを追っている。❺はメディア社会におけるリスク・リテラシーを扱った本である。専門性も高いが、タイムリーな企画だと思う。

第3章 概念に潜むバイアス

代表性ヒューリスティック

3-1 連言錯誤

次のような問題から考えてみよう。

あなたが東京都心で電車に乗って座席に座っていると、長身で手足が長く、着ているものもとてもおしゃれな、20代前半らしき、美しい女性が乗り込んできた。さてこの人はモデルさんだろうか、女子大生だろうか。それともモデルもしている女子大生だろうか。

多くの人はモデルさん、あるいはモデルもしている女子大生と判断するのではないだろうか。確かにそうかもしれないが、その判断は間違いである確率は相当に高い。その理由は、モデルの数は（仮に読者モデルを含めても）女子大生に比べれば圧倒的に少ないからだ。日本には短大も含めて女子大生は100万人以上おり、そのうちの半分程度は首都圏の大学に通っている。一方のモデルはどう多めに見積もってもその100分の1をはるかに下回るだろう。これは事前確率の無視と呼ばれる認知バイアスの表れである。

もしあなたが女子大生モデルという選択をした場合は、つまり女子大生モデルの可能性を女子大生よりも高く見積もったとしたら、この章のトピックとなる、もう一つのバイアスにとらわれている。この選択はあり得ない。なぜならモデルをしている女子大生はモデル全体の一部に過ぎないからだ。

もう一つ問題を出してみよう。これは『認知心理学4　思考』（東京大学出版会、１９９６年）の中で市川伸一が挙げた問題を多少修正したものである。この問題では田中さんという人物について、「彼は高校時代理数系が得意で、思考は論理的で、冷たいところがある」というような簡単な説明がなされる。そして彼は20年後に大学教授になっていたことが伝えられる。そして以下の３つを田中さんがなっていそうな順に並べてもらう。

1．理学部教授
2．文学部教授
3．コンピュータに関する著作がある文学部教授

どう並べてもよいのだが、一つだけやってはいけないことがある。このことは最初の問題とその解説を読んだ読者の方にはもう明らかだろう。それは2と3の順序である。３である確率が2である確率よりも高いことはあり得ない。しかしこれに違反する回答がほとんどである。私もよくこの問題を講義で用いるが、大半の学生は1－3－2の順に並べてしまう。
このような人間の思考のエラーを最初に報告したのは、前の章でも述べたカーネマンとトヴェルスキーたちである。彼らが実験で用いたとても有名な問題は「リンダ問題」と呼ばれている。

リンダは独身で31歳の率直で聡明な女性である。彼女は大学で哲学を専攻し、社会正義の問題に関心を持っており、学生時代は反核デモにも参加したことがある。

片方のグループの人はリンダが銀行の窓口係である確率を推定する。もう片方のグループはリンダがフェミニストの銀行窓口係である確率を推定する。各々の確率の平均を出すと、フェミニストの銀行窓口係の確率の方が高くなってしまう。これは前のモデルや田中さんの問題と基本的な構造が同じ問題である。銀行窓口係である確率が、フェミニストの銀行窓口係である確率よりも低いことはあり得ない。
カーネマンとトヴェルスキーは、こうした思考のエラーを「連言錯誤（conjunction fallacy）」と名づけた。連言というのは、「AかつB」というもので、andで2つの事柄を繋げたことを指す論理学用語である。連言が関わる間違いなので連言錯誤と呼ばれる。これまでに見た3つの問題も、

・女子大生かつモデル
・文学部教授かつコンピュータに関する著作がある人
・銀行員かつフェミニスト

となっている。連言「AかつB」の確率はその元事象である「A」「B」の確率よりも必ず少なくなる。

これは別の文脈ではとても当たり前に感じる。

・ある人が日本人男性である確率は、日本人である確率よりも低い。
・ある乗り物が赤いスポーツカーである確率は、スポーツカーである確率よりも低い。
・ある人が食べたものがきつねそばである確率は、そばである確率よりも低い。

これらに同意できない人は、本書の読者にはいないだろう。しかしモデルの問題、田中さんの問題、リンダ問題では、こうした当たり前の思考ができなくなってしまうのだ。なぜなのだろうか。これを考えるための準備として、まず概念とカテゴリーについて解説してみたい。

3-2 概念とカテゴリー

カテゴリーとは同じ特徴を持つものをひとまとめにしたものを指す。ネコ、ナイフ、大学生、おにぎり、哺乳類、玩具などはすべてカテゴリーである。カテゴリーがあることでいろいろと便利なことがある。予測ができるというのがまず大きい。ある対象xがカテゴリーyに属することがわかれば、カテゴリーyの特徴を持っていることがそれを観察しなくても予測できる。たとえばあるものがネコであるとわかれば、その爪を見なくても鋭い爪を持つだろうと予測できるし、また仮に鳴き声を聞いていなくても、そのものは「ミャー」と鳴くことも予測できる。またその対象に対してどんな行動をすれば良いかも予測できる。ネコであれば撫でてあげる、乱暴にしないなどである。このようにカテゴリーを持てば、直接観察しなくても、そのものについていろいろなことが理解できる。

カテゴリーは物体、生き物など名詞で表されるのが代表的だが、必ずしもそうとは限らない。動詞や形容詞で表されるものもある。たとえば、スキップ（する）とか、カワイイ（私にはうまく理解できないカテゴリーだが）などはその例となる。また、「仲良し」や「民主主義」などはいわゆる物体や生き物ではないが、あるカテゴリーを構成している。さらに個人の経験から作り出される独特なカテゴリーもある。経験を積んだセールスマンが持つ「もうひと押しで落ちるタイプの客」とか、数学の勉強をよくした人が持つであろう「数学的帰納法で解ける問題」なども、カテゴリーとして存在している（ただし、カテゴリーという用語は世界の中に実在しているものを指す場合が多く、人間が頭の中で作り出したものは、概念と呼ぶ方が一般的である）。

このようにある対象をあるカテゴリーのメンバーと認識する心の働きは、カテゴリー化（categorization）と呼ばれている。目の前に置かれた物体はコップであるとか、向こうからやってくるのはタクシーであるとか、あちらの席の人が食べているのはチャーシューメンであるなどの判断は、こうしたカテゴリー化の表れと考えることができる。最初に挙げた問題での、電車で見た女性はモデルであるという判断ももちろんカテゴリー化である。

カテゴリー化は私たちの心の働きの根源に位置しており、ほとんどの心理的な現象に関係している。もしこれがなかったとしたら、私たちは世界を認識することも、記憶することも、話すことも、考えることもできなくなってしまうだろう。人間だけがカテゴリー化をするわけではない。私たちとは異なるが、動物もむろんカテゴリー化をしている。目の前のものが餌なのか、敵なのか、つがいになれるのかなれないのかといった判断もカテゴリー化であり、その判断は彼らの生活を支えている。

3-3 カテゴリー化を支えるプロトタイプ

では私たちはどのようにしてカテゴリー化をしているのだろうか。これについてはさまざまな考え方がある。以前はカテゴリー化は定義に基づいていると考えられていた。たとえば偶数というカテゴリーには2で割り切れる整数という定義がある。これに該当すれば、見たことのない数字であってもそれが偶数か否かの判断はできる。他にも殺人は意図を持って他者の生命を奪うこと、叔父は父母の兄弟など、定義に基づいてカテゴリー化が行われるものを考えることができる。

しかし多くの研究はこの見解を否定している。なぜならば前に挙げた偶数のように、明確な定義があるものはごくごくわずかだからだ。そのようなはっきりとした定義があるものは、学問上のカテゴリーや概念を除くとほとんどないと言ってよい。たとえば果物の定義とはなんだろうか。「甘い」「丸い」「木になっている」などが上がるかもしれない。でもよく考えてみてほしい。すぐに反例が思い浮かぶだろう。レモンは甘くはないが果物だし、バナナは丸くないが果物だし、イチゴは木になっていないがやはり果物と呼ばれることが多い（ただし農水省の定義では野菜）。章の最初に挙げたモデルなどのカテゴリーの定義はさらに難しい。

また定義を形作る特徴がすぐには入手できない場合も多い。食べてみなければ甘いかどうかはわからないが、それを実際に食べられるかどうかはわからない。木になっている場面だけに果物があるわけでもない。切って出されたリンゴはもう丸くはない。そういう次第だから定義に基づいたカテゴリー化が行われる可能性はとても低いと考えざるを得ない。

では私たちは何に基づいてカテゴリー化をしているのだろうか。現在多くの研究者が同意している有力な説は、プロトタイプとの比較照合によるというものである（ただしこれには批判も多く、新しいアプローチも始まっている）。プロトタイプとは何だろうか。一つの考え方では、プロトタイプはそのカテゴリーに属するさまざまな対象の平均的な特徴を束ねたものとされる。もう一つの考え方では、そのカテゴリーに典型的な「（諸）事例のそのもののイメージ」がプロトタイプとされる。どちらにせよ、プロトタイプは「それらしい」「それっぽい」ものと考えればよい。果物らしい果物、鳥らしい鳥のようなものが、それらのプロトタイプとなる。たとえば果物でいえば、リンゴ、ミカン、モモ、ナシのようなものが共通に持つ特徴の束、あるいはそれらの果物そのものがプロトタイプとなる。

カテゴリー化はこのプロトタイプとの類似度によって決まる。プロトタイプとの類似度が一定以上であれば、それはそのカテゴリーのメンバーと見なされ、そうでなければ別のカテゴリーのメンバーということになる。最初の問題の女性は女子大生のプロトタイプというよりは、モデルのプロトタイプにより似ていたのでモデルと判断されたというわけである。プロトタイプは各カテゴリーにつき一つというわけではない。いくつかのプロトタイプが共存している場合もある。たとえばモデルといっても女子高生が読むような雑誌に登場するモデルもいるだろうが、30歳以上の読者が対象となる雑誌に登場するモデルもおり、これらは随分と異なっている。そういう場合には複数のプロトタイプが形成されることになる。

ただあるカテゴリーのプロトタイプに観察される特徴が事前に含まれているとは限らない。たとえば、リンダ問題を考えた時、フェミニストのプロトタイプに哲学を専攻するという特徴が含まれているかどうかはあやしい。この場合は、説明の容易性が関係している。つまりフェミニストという前提をおけば、その人が哲学を専攻していたということは容易に説明できる、つまり納得できる。しかし銀行窓口係という前提をおいた時に、その人が哲学を専攻していたということは説明が難しい。このようにカテゴリーを前提とした時、提供される情報が容易に説明可能かどうかも、カテゴリー化のメカニズムに関係している。

3.4 プロトタイプはどう作られるか

さてプロトタイプはどのようにして作られるのだろうか。これは概念学習、より一般的には帰納的推論と呼ばれるものによって作り出されている。帰納とは「個別の事例から、その事例が属する」という心の働きである。私たちはさまざまな果物に出会う。そしてそれらが共通に持つ特徴を抽出する。同様に、私たちは雑誌やテレビなどを通してさまざまなモデルを見る。これらからモデルの一般的な特徴を抽出する。こうした特徴をまとめあげて、そのカテゴリーのプロトタイプを作り出す。

ここからわかるように、プロトタイプの形成には事例との遭遇が不可欠である。だとすれば、人によって、地域によって、文化によって作り出されるプロトタイプは少しずつ異なってくるはずである。ふつうの日本人にとって魚のプロトタイプは、アジやサバのようなものかもしれない。そのプロトタイプのサイズ、色、形などは、これらの魚のものと似たものになっているだろう。たとえば大きさは数十センチメートルで、色は白と青みがかった黒で、形は細長い流線型といった特徴が含まれているはずだ。これらに合致する魚は魚らしいと見なされるし、そうでない魚は「変わった魚」と見なされる。

しかし同じ日本人でも魚と日常的に触れ合う豊洲の市場に働く人たちのプロトタイプは、私たちのそれとは違うかもしれない。また獲れる魚の種類は地域・国によって異なるので、地域ごとに異なるプロトタイプが生み出されると考えられる。たとえば、沖縄の魚は本土に住む人間から見ると、過剰なほどにカラフルに見える。これは本土の人間のプロトタイプとは随分と異なるのであまり魚らしくないと判断されるだろうが、沖縄の人たちには典型的と見なされるかもしれない。

3.5 サンプリング

プロトタイプを作り出すためには、事例、サンプルが必要になる。そして正確なプロトタイプを作り出すためには、偏りのないサンプリングが必須である。これは調査研究を考えてみれば良い。ある集団の特徴を調査によって正しく把握したいのであれば、その集団を構成する事例やメンバー、つまりサンプルを偏りなく集める必要がある。たとえばある大学の学生の特徴を述べるために調査を行うのであれば、その大学の男女比を考慮し、学年、学部に偏りがないようにサンプルとなる学生を決めなければならない。

私たちは果物、魚、椅子などに関しては生まれてから数え切れないほどのサンプルとなる事例を見ている。むろん地域などによってある程度歪むことはあるだろうが、おおむね偏りのないサンプリングがなされている。だから、これらから作り出されるプロトタイプはおおむね正常なものとなっている。特殊な事例を除けば、これらを見間違える、たとえば果物を穀類と間違えるとか、魚をサルと見間違えるようなことは起きない。

しかしいつでも大量のサンプルとなる事例が得られるとは限らない。そういう場合は、プロトタイプを作り出さずに、その集団については沈黙を守るという選択肢もある。「もう300例ほどサンプルを取ってから考えよう」という慎重な態度は好ましいが、残念ながらそれは私たちが採用している戦略ではない。私たちは自分が出会ったごく少数のサンプルから勝手にプロトタイプのようなものを作り出してしまうことが多い。なぜなら最初に述べたようにカテゴリー化を行うことで、そのものが持つさまざまな性質を推測、予測できるからだろう。こうして作り出されるのは、大量のサンプルから得られるものではないので、区別のために「代表例」と呼ぶことにする。

代表例とプロトタイプはほとんどの場合異なる。この理由は一般に代表例となるサンプルは、特異な、極端な特徴を持つものであることが多いからである。つまりその集団、カテゴリーの中の逸脱値であるようなものが代表例としてサンプルされるのだ。なぜ平均ではなく、逸脱値の方をサンプリングしてしまうのだろうか。理由は簡単で、それが「目立つ」からだ。平均から逸脱しているので代表例は目立つ。だから代表例は、事例の平均値の集合であるプロトタイプとは半ば必然的に異なるものとなる。

イチロー選手が渡米した時に見せた活躍により、日本には彼のような野球選手が大勢いるのかと勘違いをしたアメリカの球団のスカウトが、かなりの数来日したという記事を読んだことがある。つまり彼らはイチロー選手が日本人野球選手のプロトタイプと勘違いしたのである。しかし考えなくてもわかるが、イチローは日本を代表する選手ではあるが、日本人選手の平均を体現しているわけではない。それどころか、日本の球界で半世紀に一人といっても過言でないほどの能力の持ち主だ。つまり、スカウトたちの行動は代表例をプロトタイプと勘違いしたというわけだ。

3.6 代表性ヒューリスティック

私たちはこうして代表例をプロトタイプと思い込み、それをもとにして勝手な推測、予測、断定を行ってしまう。こうした人の思考のクセは、カーネマンとトヴェルスキーによって「代表性ヒューリスティック（representativeness heuristic）」と名付けられた。代表性ヒューリスティックとは、ある事柄xがあるカテゴリーyに所属する度合いを考える時に、そのカテゴリーの代表例zとの類似度、あるいはzを仮定した時の説明容易性に頼るという思考の仕組みである。簡単にまとめると次のようになる。

得られた情報 ⟶ 代表例との比較 ⟶ 類似度判断 ⟶ カテゴリー化

最初に挙げた連言錯誤はまさにこの代表性ヒューリスティックの働きにより生み出されたものである。女子大生モデルの問題でいえば、あなたが見かけた女性がxとなり、モデルとか女子大生がyとなる（正しくはy（モデル）、y（女子大生））。そして、モデルの代表例とか、女子大生の代表例とかがzになる（各々z（モデル）、z（女子大生））。zとの類似度が高ければxはyのメンバーであると判断される。先に挙げた特徴を持つような女性xは、女子大生の代表例z（女子大生）よりも、モデルの代表例z（モデル）とより類似していたので、y（モデル）と判断されたということになる。

一方、リンダがフェミニストの銀行員であると判断されたのは、彼女が銀行員の代表例（あるいはプロトタイプ）からは説明が難しいが、フェミニストの代表例（あるいはプロトタイプ）を仮定すれば説明が容易だからである。

得られた情報 ⟶ 代表例との比較 ⟶ 説明 ⟶ 説明容易性の比較 ⟶ カテゴリー化

代表例が集団の特異な存在から作られていることを考えると、こうした判断は誤りを導く可能性は非常に高い。代表性ヒューリスティックが心理学実験のような特別な状況の中だけで働くのであれば、あまり大したことはない。しかしこのヒューリスティックは、私たちの社会生活の中でも作動し、それが大きな問題を生み出すこともある。これについて次節で考えてみようと思う。

3.7 社会的ステレオタイプ

実は代表性ヒューリスティックは人種、国籍についても頻繁に生じている。これは社会心理学者たちによって、「社会的ステレオタイプ（social stereotype）」と呼ばれている。たとえばお隣の国、韓国を取り上げてみよう。日本人の中で親しい付き合いをしている韓国人が100名を超える人はとても少ないと思う。だから多くの日本人は韓国人をある程度まで反映したプロトタイプは持っていないと考えられる。

こうした場合、特定の韓国の人物（たち）をベースにして代表例を作り出す。ある人は韓流スター（の合成）になるかもしれないし、別の人は反日デモを行う人たち（の合成）になるかもしれない。しかし、こうした人たちはとても特殊な人である可能性が高い。テレビに出るような俳優は、韓国の中でもとても特殊な容貌、才能を持った人たちだろう。ニュースのネタになるような過激な行動をとる韓国人も一般的ではないだろう（2章で述べたが、一般的でないからメディアに登場する）。しかし私たちの多くはそうした代表例を韓国人のプロトタイプの代わりとして使ってしまい、代表性ヒューリスティックを働かせるのである。

国や人種で言えば、黒人というとリズム感、運動能力があると考える一方で粗暴とか、イタリアというと陽気だけれども軽いとか、そういうステレオタイプが日本人の中にある。これらは、韓国人以上にごくごくわずかなサンプルから作り上げられたものだ。そしてそれは差別や偏見のベースとなる。さらにメディアはこれに合致する人たちを登場させる。根暗なイタリア人、運動音痴の黒人がテレビに出ることはまずないだろう。すると私たちのとても偏見に満ちたステレオタイプはさらに強化されることになる。

社会的ステレオタイプは人種、国籍に限った話ではない。性についてもある。私たちが「男らしい」「男らしくない」などと判断する時には、「男性」のステレオタイプが強く働いている。現代の若者はどんなステレオタイプかはわからないが、私たちの世代（１９５０年代生まれあたり）だと、「強い」「でかい」「無口」「決断力」などの特徴を含むものとなっているように思う。

さらに小さな集団、たとえば大学などについてもステレオタイプはある。あるテレビ番組で、日本に留学している、あるいはしようとしている中国人たちに早稲田大学、慶應義塾大学のイメージを聞いたところ、ほぼ全員が即座に「早稲田＝権力」「慶應＝金」と述べていた。どのようなサンプリングに基づいているのだろうか。また以前、有名女子大の学生たちの会話をバスの中で聞いたことがある。彼女たちの一人は前日に東大生と合コンをしたらしい。その会話の中で

「その人東大なのにかっこいいんだよ」と述べていた。これもどうやって作り出したのかはわからないが、彼女の東大のステレオタイプと昨日の彼が一致しない驚きを表している。

3.8 心理学的本質主義

さてプロトタイプはそのカテゴリー、集団の平均的特徴の束である。そしてこの特徴はそのカテゴリーの本質であると見なされる。だから初めて会うそのカテゴリー、集団の事例も、プロトタイプに含まれる本質を持っている可能性はとても高い。ある生き物が鳥だとわかれば、それは空を飛ぶだろうし、卵を産むだろうと考える。あるイベントが運動会であると聞けば、徒競走、綱引き、玉入れがあるだろうと考える。このようにそのカテゴリーの事例が、プロトタイプの持つ平均的特徴＝本質を共有していると考えることは、「心理学的本質主義（psychological essentialism）」と呼ばれている。

代表例がプロトタイプのように働くとすれば、これと同じことが起こる。代表例が持つ、特異的で、逸脱した特徴を、目の前の対象に割り当ててしまう。たとえばある人が韓国人だとわかれば、テレビに登場した数少ないサンプル、特異的なサンプルから作り出された代表例の持つ性質をその人も持っていると考えてしまう。それどころか代表例とは正反対の行動をとる人に会ったとしても、内面には代表例と同じ心理的傾向が存在すると思ってしまう。ある韓国人がとても親日的であるような行動をとったとしても、反日、嫌日というサンプルから作り上げられた代表例を持つ人は、その韓国人は「心のうちでは日本を憎んでいる」などという推測をしたりもする。

3-9 帰属と対応バイアス

人がある行動をとる時、私たちはその原因をいつも探ろうとする。つまりある行動がなんのせいで起きたのかを考える。これは心理学では「帰属（attribution）」と呼ばれている。ここにもいろいろな面白い思考のクセが潜んでいる。

一般に、私たちは自分の行動の原因をその時の状況に求めるが、他人の行動の原因はその人の性格、意思、態度などに求めることが多い。これは対応バイアスと呼ばれている。たとえば自分が遅刻をした時には「電車が遅れた」「たまたま朝寝坊した」「出がけに面倒な用事を押し付けられた」などとする。しかし他人が同じことをすると、「あの人はズボラだから」「ルーズな性格だから」と考えがちである。

この原因の追究に社会的なカテゴリー、つまり所属集団が関わることもある。ある変わった行動をとる人がいたとしよう。たとえば、合コンの時に1時間以上にわたってコンクリートの話をし続ける男子学生がいたとする（伝聞だが、これは実話だ）。この時、この非常に特異な行動の原因を人は考えてしまう。原因はいろいろと考えられる。理由は状況かもしれないが（合コンがあまりにつまらないので早く終わらせたかった）、前にも述べたように私たちは他者の行動の原因をその人の内面に求めがちである。「変わった性格」「空気が読めない」などで止まることもあるだろうが、その大学生の所属集団に求める場合もあるだろう。むろん人はいろいろな集団に属している。たとえばその男子学生は「静岡県出身、ＡＫＢ48のファン、一人暮らし、東京大学」だとする。さて、この「コンクリートの話を合コンで長々とする」という行動の原因として適当なものはなんだろうか。おそらく東京大学に求める人が多いのではないだろうか。

どうしてこのような帰属が起こるのだろうか。合コンでコンクリートの話をするというのは、相当に変わった出来事である。この出来事の原因の候補の中で、静岡出身、ＡＫＢ48のファン、一人暮らしなどはいずれもよくある珍しくないことである。一方、東大生というのは十分に珍しい。そうした次第で「東大だからあんな変わったことをする」という話が成立してしまう。そしてさらにおかしな東大生ステレオタイプが強化されることになる。つまり、変わったことの原因は、変わったこととされるのである。

ただこのような帰属はある意味でもっともでもある。というのは変わった出来事の原因がとてもありふれたものであったとすれば、変わった出来事はもっとたくさん発生していてもおかしくないし、たくさん発生していれば、それは変わった出来事ではなく、ありふれた出来事となるからだ。ちなみに、どうでもいい話だが、コンクリートの彼は私は個人的には好きだし、もし女性なら惚れるかもしれない。

所属集団への帰属にはもう少し複雑なものもある。日本人が偉大な行いをすると、私たちはそれが日本人だからと考えたくなる。しかし、悪事を働くと、それはその人間が性格異常だからだと考えがちである。一方、（たとえば）イスラム教徒の偉大な行いはその人個人の性格、努力などを原因としがちだが、悪事は全てイスラム教徒という所属集団のせいにしたりする。こうしたバイアスも私たちを差別へと導くことは明白だろう。

3.10 代表例が役立つ時、間違う時

私たちは同じ特徴を持つものをまとめてカテゴリーを作り出す。そしてカテゴリーを用いて、未知のもの、観察していない事柄についての予測を行う。これによって適応的に生活することができる。あるものがどのカテゴリーに属するかを決めるのはプロトタイプである。プロトタイプはそのカテゴリーに属するさまざまな事例の平均的な特徴からなっている。そしてプロトタイプとの類似度が高い、あるいはプロトタイプから説明が容易なものは、そのカテゴリーに属すると

判断される。

日常的な概念（鳥とか椅子など）については豊富な事例から適切なプロトタイプが生み出される。これは事例のサンプリングがある程度うまく働いているからである。しかしそうでないものについては、私たちは多くの場合、プロトタイプの代わりに代表例、ステレオタイプを用いて、予測や判断を行う。代表例は目立ちやすい事例から作られるため、そのカテゴリーの平均的な特徴とは異なる特徴を持っていることが多い。つまりその集団の平均とは異なる異常値を持つ事例をプロトタイプの代わりに用いてしまう。

代表例を用いてカテゴリー判断を行うと、連言錯誤のような論理的にはあり得ないような間違いを犯すことがある。また、これが社会的ステレオタイプという形を借りて、人種などの人の集団に適用されることで、差別や偏見が生み出されることもある。また代表例の特徴はそれが代表する集団全員に当てはまると考える心理学的本質主義が加わると、差別、偏見はさらに増長される。

そういう次第であるから、代表性ヒューリスティックはできるだけ排除した方がよいと思われるかもしれない。ただこれはとても困難である。どんなことについても偏りのない、数百を超える事例を集めてから結論を下すというのは現実的に無理だからだ。加えて、このバイアスは、カテゴリー化という、私たちの日常生活を支えるきわめて基本的な認知メカニズムに由来している。このこともこのバイアスの克服を困難にしている。

ただしこのバイアスを知ることによって、さまざまな言説がどんなサンプルから導き出されたのかを考えることができるようになるだろう。一定以上の数の偏りのない事実から導き出されたことなのか、それとも特殊例からの結論なのか、こうした吟味を事後的にでも行うことは、だいじな決断を下す時には重要である。

ブックガイド

①『ことばの発達の謎を解く』今井むつみ（2013）ちくまプリマー新書

②『信号、記号、そして言語へ：コミュニケーションが紡ぐ意味の体系（越境する認知科学3）』佐治伸郎（2020）共立出版

③『複雑さに挑む社会心理学　改訂版－適応エージェントとしての人間』亀田達也・村田光二（2010）有斐閣アルマ

④『心を知るための人工知能：認知科学としての記号創発ロボティクス（越境する認知科学5）』谷口忠大（2020）共立出版

⑤『喜びはどれほど深い？：心の根源にあるもの』ブルーム（2012）インターシフト

概念とカテゴリーについてのわかりやすい本は私の知る限りあまりない。認知のもっとも基本にあるものなので、逆に難しいのかもしれない。言語との関わり、特にその発達については❶を薦める。かなり専門的だが、❷も非常に深い考察がなされている。社会的ステレオタイプや帰属の問題は、認知科学というよりも社会心理学で盛んに研究されてきた。❸は独自の視点から社会心理学を総括した書籍であり、行動経済学や神経科学の知見も取り込んだものである。❹は発展が目覚ましい人工知能の分野での概念、記号、シンボルについての先端的な研究である。人工知能分野での最先端の研究が取り上げられている一方で、心理学などが前提としている概念観に非常に鋭い批判がなされている。心理学的本質主義については❺がとても楽しく読める。

第4章 思考に潜むバイアス

確証バイアス

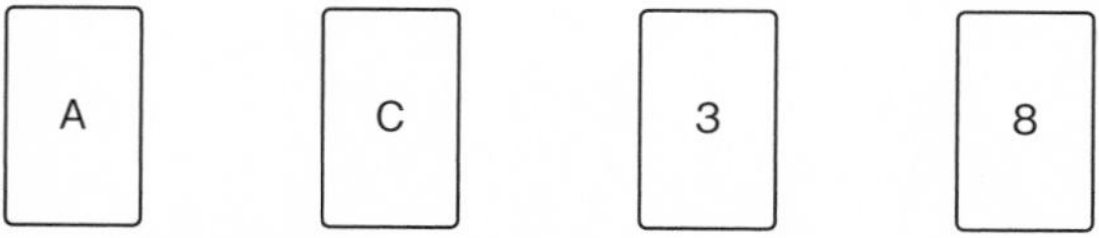

図4・1　4枚カード問題

思考と一口で言うが、研究のレベルでは大きく3つに分けられる。それらは問題解決、意思決定、推論と各々呼ばれている。この章では人の思考の中でも、特に推論に潜むバイアスを考えてみようと思う。推論というのは、与えられた前提から何かの結論を導き出す心の働きを指す。

4.1 論理からの逸脱～4枚カード問題

さて図4・1に示すようなカードがある。いずれのカードも片面にはアルファベット、もう片面には数字が書かれている。このカードは「表が母音ならば裏は偶数」という規則のもとで作成されている。この規則が守られているかどうかを確かめるにはどのカード（複数可）を裏返してみる必要があるだろうか。

正解は「A」と「3」である。しかし多くの人は「A」と「8」を選ぶ傾向がある。別のカードを選択した人でも最初は「A」と「8」を思いついたのではないだろうか。大学の講義でも実施するが、正解は10パーセント内外というのがふつうである。

なぜ正解が「A」と「3」になるかというのは、論理学の教科書のほぼ1ページ目に載っている。まず表が母音というのをP、裏が偶数というのをQとする。こうすると、このカードの規則はP→Qと表すことができる。Pは前にあるので前件、Qは後にあるので後件と呼ばれる。こういう形の命題の時には、「前件肯定（式）」「後件否定（式）」というルールが適用できる。つまり前件Pが成立している時には、後件Qは必ず成立するというのが前件肯定であり、後件Qが否定されていれば前件Pは必ず否定されるというのが後件否定となる。

このことから考えると、表が母音のAのカードの裏は絶対に偶数になっていなければならないことが導かれる。そして裏が偶数でない3のカードの表側は母音であってはならない、つまり子音であることも導かれる。だからそれらのカードがその通りになっているかを裏返してみなければならないのだ。

ややこしいと感じる人は図4・2を見ていただきたい。

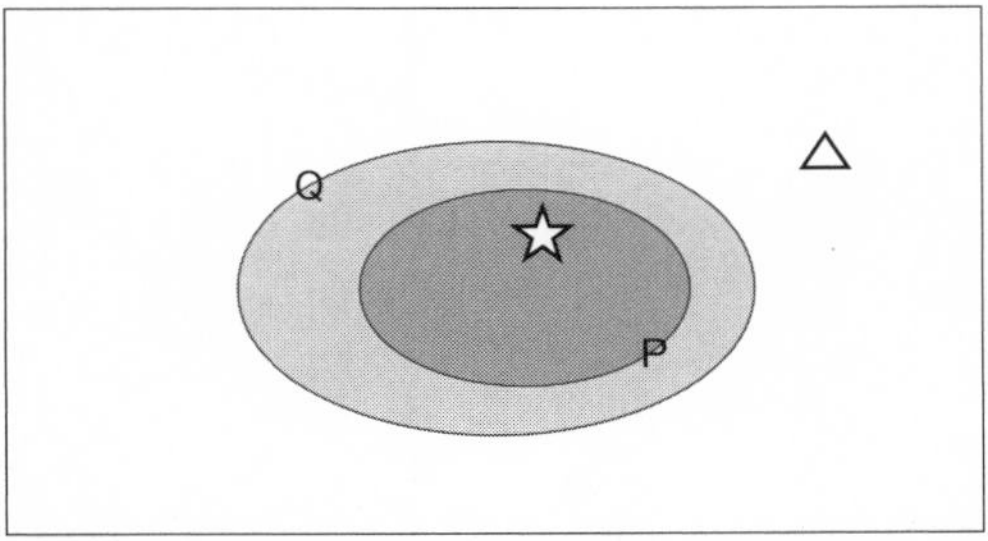

図4・2　P→Qの図解。Pの中にあるもの（星）は絶対にQに含まれている。Qの外にあるもの（三角）は絶対にPには含まれない。

P→Qは、このように表す。この図の中でPの円の内側にあるものは、必然的にQの内側にあることになる。またQの外側にあるもの、つまりQでないものは絶対にPの中にはないこともわかる。こういうのを見せると、ほとんどの人は納得してくれる。しかししばらく後に、別のタイプの問題を出すと、同じような間違いをしてしまうことが多い。

この問題は、推論の中でも演繹《えんえき》推論と呼ばれるものだ。もともとピーター・ウェイソンという研究者が考案した課題で、「ウェイソンの選択課題」とか「4枚カード問題」などと呼ばれている。すごく有名な課題であり、ほとんどの心理学の教科書に載っている。

人はなぜこんな初歩的な論理学の問題に誤った答えを出してしまうのだろうか。これを考える前に、別の推論課題を見てみよう。

4-2 確証バイアス〜2―4―6の後には何が続くか

これもウェイソンが考案した課題であるが、2―4―6課題と呼ばれるものがある。実験参加者は、「ある規則に従った数列がある。これの最初は2―4―6で、これがどんな数列かについての仮説を考えて、それをテストする例を出してみてください」と言われる。そして実験参加者が出した例に対して、実験者はyes/noの答えを出す。こうした課題を出すと、ほとんどの実験参加者は「8－10－12」とか、「20－22－24」とか、そういうテスト例を出し、それにyesという答えが返される。そこから大多数の人は「連続した2の倍数の数列だ」と結論づける。ところが、それを報告すると、実験者から「違う」と言われてしまう。実際には単なる上昇系列、つまり前の数よりも大きい数字の系列が答えだからである。

これは確証バイアス（confirmation bias）と呼ばれている。つまりこのバイアスは、自分が正しいと考えていること（この場合は連続した2の倍数）を確証してくれるものに注意を向けがちになってしまうことを指している。連続した2の倍数ならば「2－4－6」が生み出される、という仮説が立ってしまうと、それに合致する別の2の倍数の系列、たとえば8－10－12を持ってきてテストを行うというわけである。

しかし「2－4－6」という数列は、2の倍数の系列、あるいは正解である単なる上昇系列以外にも、

・2個ずつ増える系列（1－3－5でも良い）
・前の数に2の倍数を加えた系列（1－3－7でも良い）
・3つ目が前の2つの和になっている系列（9－5－14でも良い）

などなどさまざまな規則に合致する可能性がある。だから本当に2の倍数の系列であるかを確かめるためには、ここに挙げた他の仮説である可能性を潰さなければならない。たとえば「7－9－10」とか、「8－12－4」とか、「9－11－20」とかのテスト例を挙げて、それがyesかnoかを聞かねばならない。しかしそうしたことを行う人はあまりいない。

この課題は推論の中でも帰納推論と呼ばれるものを含んでいる。推論のタイプは全然異なるのだが、前の節で述べた4枚カード問題で私たちが間違えてしまうのも確証バイアスに関係している可能性がある。「母音の裏は偶数」という仮説が与えられる。すると偶数の裏が母音であると、「ほらね」と言える。その一方で、母音の裏は奇数の可能性、つまり仮説を反証するための検討はまったくなされない。もし2－4－6課題のように、4枚カード問題を出したとする。たとえば「母音の裏は偶数になるようにカードが作られています。そうなっているかどうかをテストしてください」と言われれば、A、I、U、E、Oなどの母音や、2、4、6などの偶数を挙げて、その裏が偶数かあるいは母音かをチェックしようとするだろう。一方、奇数のカードを見てその裏が子音かをチェックする人は、ほとんどいないのではないだろうか。

なお確証バイアスについてはこれをバイアスと呼ぶべきなのか、さまざまな議論がなされている。ここで以下少し補足し、9章でも詳しく説明する。

確証バイアスはいつでも非合理とは言えない。これは自分の立てた仮説と、本当の規則との間の関係によって変わってくる。前に挙げた2－4－6課題では、自分の立てた仮説は本当の規則よりも特殊なものである。しかしもし自分の仮説が単なる上昇系列であり、真の規則は2ずつ増加する系列という場合には、仮説と規則の関係は逆になる。後者の場合、仮に参加者が「1－2－3」というテストを出したとすると、それには no の答えが返されることになる。これは仮説の確証ではなく、反証となり、仮説の検証、修正にとって有益である。つまりあるテストが確証になるのか、反証になるのかは、仮説と真の規則との間の関係によって変化する。そういうことで、確証バイアスではなく、肯定性バイアスと呼んだ方がよいと考える人たちもいる。

4.3 第一印象

第一印象がだいじだというのは、確証バイアスを考えてみると納得がいく。一度ある人を立派な人だと思ってしまうと、その人が立派なことをしている場面にだけ注意が向けられる。反対に別の人をダメなやつだと思うと、その人がダメなことをしている場面に注意が向けられがちになる。私も講義をしていてそう感じる。後ろの方でいつもスマホをいじっている学生がいる。当然彼への評価はとても低くなる。すると彼がある講義ではまじめに受講していても、「何をいまさら」などと感じ、彼への評価を変えることはない。一方、前の方に座って一所懸命講義を聞き、ノートを取っている学生がいる。するとその学生が次回もまじめに講義を聞いていることに注意が向く。そしてその学生への評価が高まる。仮にウトウトするようなことがあっても、「今日は疲れているのかなぁ」などと考え、自分の仮説を覆そうとはしない。むろん一度下した評価が未来永劫変わらないわけではない。しかし確証バイアスという人の思考のクセを考えると、評価を覆すのにはかなりの努力が必要であることがわかるだろう。

2章で取り上げた少年犯罪についても同様のことが言える。いくつかの事件をきっかけにして、近頃の子供は凶悪化している、という信念（仮説）が形成されると、それを確証、補強する出来事に注意が向けられてしまう。新聞などでも他の犯罪に比べ、そうした犯罪についての記事に注意が向けられる。すると、子供の凶悪化という誤った信念はさらに強化されることになる。するとさらに思い出しやすくなり、その頻度を高めに見積もってしまう。

確証バイアスは「予言の自己成就（自己実現）」と呼ばれていることとも関係している。たとえば会社の上司が部下のAさんに「だらしなくて、根気がない」というようなネガティブな評価をしたとしよう。そうすると当然その上司はAさんのネガティブ部分に注意を向けるようになり、それを見つけてさらに辛く当たるようになる。辛く当たられたAさんは徐々に仕事をやる気がなくなってくる。すると上司の評価はさらに下がり、より辛く当たるようになる。これが重なり、耐えられなくなったAさんは職場を去る。その結果、やっぱり自分の思った通りだと上司は考えてしまう。

4.4 因果関係と確証バイアス

私たちは世界がでたらめに動いているのではなく、何らかの理由があって動いているという強い信念を持っている。地震は、火山の爆発、プレートの移動によって起こると考えているだろう。また彼女がデートに来ないのは、朝寝坊したから、あるいはこのあいだ喧嘩をしたから、などと考えたりする。ここではある出来事と別の出来事の間に因果関係を作り出そうとしている。

実生活の中での因果関係は右で述べたほど簡単なものではない。なぜならばある出来事が起こるには複数の原因が働いている可能性が高いからだ。しかし私たちは、原因を勝手に一つに絞り込み、そこだけに集中してデータを集めてしまう傾向がある。これも確証バイアスの働きによるものと考えられる。

たとえば血液型と性格との因果（？）関係を信じている人はほどほどいる。社員の配置をこれで決めているという会社すらあるそうだ。これによるとA型は几帳面、O型はおおらか、B型は変人などとされる。こういうことを信じている人が挙げる例はまさに確証バイアスに支配されている。「だってあのちょー変な山田くん、彼B型だよ。それにいつもふつうと違う発言をする田中さん、彼もB型だぞ」などということになる。これは「B型は変人」という仮説の正しさを主張するために、それに適合する例だけが持ち出される。

むろんこれは確証バイアスに基づくダメな考え方で、表4・1に示したような分割表を作って考えるのが妥当な考え方だ。そして原因がある時に結果が得られた回数を表すaをa+bで割ってみる。同様のことを原因なしの場合についても行ってみる。つまり(c/(c+d))の計算をすることだ。そして2つの間で引き算をして、それが十分に大きな値であれば因果関係がありと判断すればよい。もしその原因が必須のもので、その原因しか結果を引き起こさない、つまり必要十分条件になっていれば、引き算の値は1となるはずだ。どのくらい大きければ信じるかについてのはっきりとした理論はないので困ってしまうかもしれない。しかしその時は他の原因の候補について同じ表を作り、同じ計算を行い、その値を比較してみればよい。大きい値の方が、より原因らしいことはわかる。

	結果あり	結果なし
原因あり	a	b
原因なし	c	d

表4・1　因果関係を考える時の分割表

なお因果関係についての認知バイアスは確証バイアス以外にも、とても興味深いものがある。

これについては、章末のコラム「因果関係についてのバイアス」で取り上げているので、ご覧いただきたい。

4.5 確証バイアスはなぜ生まれるか

さて4枚カード問題にもう一度戻ってみよう。私たちはＰ（表が母音）→Ｑ（裏は偶数）を考えるときに、なぜＰとＱだけに注目してしまうのだろうか。どうして$\overline{\text{Q}}$（裏が奇数）に注意を向けないのだろうか。これについてはいろいろな考え方ができる。単に「裏が偶数」とあるので、偶数に注意が向くというのがそのうちの一つだ。

しかしもう少し複雑な理由もある。たとえば「ゾウは鼻が長い」という命題について考えてみる。これは論理学的に言うと「もしあるものｘがゾウであるならば、ｘの鼻は長い」となる。ここでも4枚カード問題同様「ならば」が用いられる。これを発見したある学者が2人の弟子にこの仮説の正しさを確認したいので調査をお願いしたとする。弟子Ａは世界各地を巡りさまざまなタイプのゾウを見つけ、その鼻の調査をしてきたとしよう。弟子Ｂは鼻の短い生き物、ネコ、サル、スズメ、さまざまな虫を調べて、それがゾウではないかを確かめてきたとしよう。あなたがその学者だったら、この2名ともに「よくやった、2人のおかげで私の仮説は確証された」と言うだろうか。そうではないだろう。弟子Aは高く評価するだろうが、Bには罵声を浴びせるのではないだろうか。

しかしよく考えてみればBも論理学的には正しいことを行っている。「ゾウの鼻は長い」という命題は、いろいろなゾウ（P）を調べてすべて鼻の長いこと（Q）を確認することによって確証されると同時に、鼻の短い生き物（Q）を調べて、それがゾウでないこと（P）によっても確証されるはずだからである。

これらの例は大変に著名な科学哲学者であったカール・ヘンペルが提出したヘンペルのパラドックスと呼ばれるものに基づいて作った。彼は、世の中の黒くないものを探し、それがカラスではないことをもって、「カラスが黒い」を確証できるかを問うた。これは部屋に閉じこもり、一度もカラスを観察せずにカラスの色を確定できることを意味しており、そこからこうした態度を持つ研究者は「安楽椅子の鳥類学者」とも呼ばれている。

つまりQを調べても、初めの命題の正しさは増加しないことが多いのだ。だから私たちはQである奇数のカードを裏返そうとは考えないのだ。つまりある主張、言明というのは、他のいろいろな可能性がある中で、その可能性を絞り込むという役割を持っている。「黒い」と主張することは、その他さまざまな色の可能性を排除し、特定のものを限定している。ゾウの鼻が長いというのも同様だ。これは情報科学の言葉を使えばエントロピーを低下させていることとなる。一方、「そうでない」というのは長い、黒いという特定のものは排除できるが、その他のいろいろな可能性を容認し、エントロピーはあまり低下しない。何かが安定することが望ましいとすれば、「でない」より「である」の方が適切なのだ。

4.6 仮説検証のためのデータ選択

もう一つの可能性は、マイク・オークスフォードとニック・チェイターらによって指摘された。これによると、人はウェイソンが考えたように4枚カード問題を解いているのではない、となる。人は論理的な問題として4枚カードに取り組んでいるのではなく、文字の種類（母音か子音か）は数の種類（偶数か奇数か）に関係しているか、それとも無関係かを決めるために、どのようなデータ（裏返した結果）が適切かを考えているのだという。つまり関連性があるかないかを決めるのに、最適なデータは何かを考えている。そういう意味で、最適データ選択と呼ばれる。オークスフォードとチェイターは、もう一つ稀少性の仮定というものを置く。これは前の節で述べたことと関係しており、一般に「Pである」という確率は「Pでない」確率よりもずっと低い、というものである。黒いものより黒くないものの方がずっと多いし、日本人よりも日本人以外の方がずっと多い。むろん、なんでもそうかといえばそうではないのだが、一応は認めても良いだろう。

もしそうだとすれば「関係あり」仮説から導かれる予測と、「関係ない」仮説から導かれる予測が異なるカードを裏返してみればよい。これはテストの診断力と呼ばれることと関係している。たとえば2－4－6課題を2人で解いているとする。あなたは連続した2の倍数の数列になっているという仮説を持っているが、彼は2の倍数のいずれかを前の数字にたした系列になっているという仮説を持っているとしよう。この2つの仮説のどちらが正しいかの決着をつけるテストとして適切なものは何だろうか。この時、10－12－14というテストは意味がない。なぜならどちらの仮説からしても正しい系列となるからだ。また7－8－9というのもダメだろう。どちらの仮説から見てもこれは間違った系列となるからだ。適切なテストは、たとえば10－12－18というものだろう。これはあなたの仮説からすれば間違った系列となるが、彼の仮説からすれば正しい系列となるからである。このようなテストは診断力のあるテストと呼ばれている。

さてこの診断力を念頭に4枚カード問題を考えてみる。「関係あり」仮説は母音の裏が偶数であることを予測する。しかし「関係ない」仮説からは母音の裏はどちらでもよい、あるいは稀にしか起きないという予測が導かれる。これは前に述べたように「何かでない」という可能性は、「何かである」よりもずっと生じやすいからである。だとすれば母音のカードPを裏返すというテストは2つの仮説を区別するのに有益だから、診断力があることになる。ではQである奇数

裏返すカード	結果	関係あり仮説	関係ない仮説
P	Q	確実	低
	$\overline{Q}$	不可能	高
$\overline{P}$	Q	低	低
	$\overline{Q}$	高	高
Q	P	高	低
	$\overline{P}$	低	高
$\overline{Q}$	P	不可能	低
	$\overline{P}$	確実	高

表4・2　「関係あり」仮説、「関係ない」仮説の予測。ただしP、Qの確率は稀少性の仮定によりその値は小さい。

のカードはどうだろうか。「関係あり」仮説からは当然$\overline{P}$、つまり子音が予測される。「関係ない」仮説も、稀少性の仮定から$\overline{P}$を予測する。つまり$\overline{Q}$は、２つの仮説を区別するのに役に立たないのである。ではQのカード、つまり「偶数」はどうだろうか。「関係あり」仮説からは、PとQは関係があるのでPがでてくる可能性が高いと予測され、「関係ない」仮説からは、稀少性の仮定から特定のPがでてくる可能性は低いという予測がなされる。これをまとめたのが表４・２である。つまりQのカードは診断力が高いのだ。

　注意深い読者は以上の説明を聞いて、「４枚カード問題における『偶数である（Q）』と『偶数でない（$\overline{Q}$）』は同じ確率ではないか、奇数は稀少ではない」と文句をつけたくなるだろう。確かにこれらは１／２ずつの確率である。ただ前にも述べたように、２つしか場合の数がない場合以外は、「である」と「でない」の確率は大きく異なることが多い。「日本人である」―「日本人でない」、「黒い」―「黒くない」、「りんごである」―「りんごでない」などを考えてみれば、「である」と「でない」との間には、大きな差があるのがふつうである。こうした日常経験から、私たちは「でない」というのは「である」よりもずっと多いという信念を形成している可能性が高い。オリジナルの4枚カード問題についての過ちは、こうした稀少性の仮定が本来成立しないところにまで拡張されたことも原因となっている可能性がある。

4.7 初歩的な問題を間違いに導くものとは

本章では、演繹推論（4枚カード問題）、帰納推論（2－4－6課題）において確証バイアスが働き、それが非論理的な答えを導き出してしまうことを述べた。こうした推論のバイアスは、実験室の中だけで見られるものではない。人間関係においては第一印象に過度に頼り、正確な人間評価を妨げることもある。さらに、原因を求める際にも、偏った非合理な方向へと私たちを導いてしまう危険性がある。

大学生が「PならばQ」のような初歩中の初歩の論理を間違えるということは、現在では半ば常識化しているのかもしれない。しかしウェイソンが最初に実験を行った約半世紀前は、多くの研究者に衝撃を与えた。そしてこの分野の研究を活性化させた。実際、4枚カードを巡っては膨大な数の研究がなされている。大本となったウェイソンの論文の引用回数は、GoogleScholarで調べると3500以上であり、この分野の研究では飛び抜けて多いものの一つになっている。

そうした中でウェイソン課題の問い直し、論理性についての問い直しも行われることになった。前節で述べたオークスフォードとチェイターの最適データ選択はそのうちの一つである。人間の推論能力、論理性についてのその他の展開は9章で再度行うことにする。

ブックガイド

①『考えることの科学：推論の認知心理学への招待』市川伸一（1997）中公新書

②『思考と推論：理性・判断・意思決定の心理学』マンクテロウ（2015）北大路書房

❶はだいぶ前の本だが、読みやすく、かつ大切なポイントをしっかりと押さえたものである。より専門的に探求したい人には、❷を薦める。

コラム

因果関係についてのバイアス

原因と結果の関係については、アブダクションがとても重要である。アブダクションは仮説推論とも訳されたりするが、すごく形式的に書くと図4・3のようになる。

$$\frac{\begin{array}{c}P \rightarrow Q \\ Q\end{array}}{P}$$

図4・3

この時Pを原因、Qを結果と考えるとすると、結果が得られた時（2行目）、原因が成立していると考えることに相当する。これは「逆は必ずしも真ならず」であり、妥当である保証がない推論となる。そういう意味で、アブダクションの研究は20世紀に入るまでまともな扱いを受けてきたわけではない。ちなみに「逆」の推論をすると、よくそれは間違いだという人がいるが、それこそが間違いだ。間違っているわけではなく、単に確実という保証がないことを指すに過ぎない。だから「逆は必ずしも真ならず」と言うのだ。

私たちの日常を振り返ってみれば、こうしたアブダクションだらけであることに気づく。「風邪の時には熱が出る」ということが知られている時、「熱がある」という症状が得られたとすれば、「風邪ではないか」と考える。「パートナーが実に機嫌よく帰宅した」という事実から、「会社で何かいいことがあったのではないか」と考えるのも、「会社でいいことがあると、機嫌よく帰宅する」という前提からのアブダクションと考えられる。2章で述べたリハーサル効果、つまり「繰り返せばよく思い出す」ということを知っていれば、いつもはあまり成績の良くない友人が歴史の穴埋めテストでいい点を取った時、「彼は繰り返し練習したのだ」と考えたりする。

それ自体は正しいかどうかはわからない推論であるが、仮説としては取り上げる価値はあるだろう。熱が出たケースで言えば、病院に行って風邪かどうかをみてもらうという形で仮説の検証を行う。パートナーの帰宅で言えば、その人に「なんかいいことあったんだね」という会話をして、仮説（会社でのいいこと）を確かめる。歴史のテストで言えば、自分も繰り返し練習しようとする。妥当かどうかの保証はないが、検証すべき仮説を生み出すのである。アブダクションが仮説推論という名前で呼ばれるのは以上のようなことからである。

ただ考えなくてはいけないのは、P→Qといっても、現実世界では「Pが生じたら必ずQが生じる」というわけではないという事実だ。熱は風邪以外のさまざまな病気の際にも出るし、機嫌が良くなるのも会社での出来事だけが原因とは言えないし、成績を良くするのは繰り返しの練習だけではない。

そういう次第だから、確率がここで絡んでくる。すると、ここでベイズの定理というとても便利なツールが使える。Hは原因についての仮説（風邪、会社での出来事、繰り返し練習）、Dは結果（熱がある、上機嫌、好成績）としてみよう。すると原因の推定は、Dが得られた後に、H

の確率がどうなるか、つまり事後確率P(H|D)を計算することとなる。どのようにやるかというと、図4・4の式を用いる。

　ここでP(H)は事前確率、P(D|H)は尤度《ゆうど》と呼ばれる。事前確率はその仮説が今までどれほど成立していたかを表している。この式でHについているxという添字は、数ある仮説の中でx番目の仮説という意味である。一方の尤度は、仮説が成立しているときにどのくらいその結果＝データが得られたかという条件付き確率を表している。分母P(D)は、規格化定数などと呼ばれるが、要するにDが得られた世界の中だけで考えるということを意味する。

$$
\begin{aligned}
P(H_x|D) &= \frac{P(H_x \cap D)}{P(D)} \\
&= \frac{P(D|H_x)P(H_x)}{P(D)} \\
&= \frac{P(D|H_x)P(H_x)}{\sum_{i=1}^{n} P(D|H_i)P(H_i)}
\end{aligned}
$$

図4・4　データ（D）が得られた時に、仮説（H_x）が成立する確率。ただし$1 \leqq x \leqq n$。

　歴史のテストで良い点を取った（いつもは冴えない）友人の例を考えてみよう。「テストで高得点」という結果＝データ（D）が得られた時、その好成績の原因＝仮説（H）として、繰り返し練習、精緻化（140ページ参照）、カンニングがあるとしよう。

　仮にこれまでの経験から友人は真面目な人間であるが、あまり知的に器用ではないということがわかっていたとしよう。そこから事前確率として、彼が繰り返し練習をする確率は0・7、精緻化は0・2、そしてカンニングは0・1の確率だとしてみよう。そして、各々の方法を用いた

テスト対処方法	事前確率	尤度	事後確率
繰り返しの練習	0.7	0.3	0.53
精緻化	0.2	0.5	0.25
カンニング	0.1	0.9	0.23

表4・3　ベイズの定理に従ったテスト対処方法の利用確率

時に、実際に良い点が取れる確率＝尤度を各々０・３、０・５、０・９だとする。

するとベイズの定理に従って、各々の学習法が用いられた確率を計算することができる。これを表４・３にまとめた。ここからすると、彼はおそらく繰り返し練習を行った可能性が高いと診断することができる。この方法は、スパムメールの判定（メール中の文字＝結果、スパムか否か（原因））、医療診断、さまざまな機材の故障の診断などに用いられている。あなたが「パソコンがまったく動かない」と言って、メーカーの相談窓口に電話をした時に、「コンセントにプラグは入っていますか」と（腹立たしくも）問われるのは、これが理由である。

さてベイズの定理は大変にシンプルでエレガントなのだが、この結果にはまったく納得できないケースが多々ある。たとえば以下のような問題を考えてみる。

40代の女性の乳がんの比率は１パーセントである。乳がんを持つ人にある検査を行うと、80パーセントの確率で乳がんであるという結果が出る。一方、乳がんではない人に同じ検査を行うと、9・6パーセントの確率で乳がんであるという結果が出る。ある40代の女性がこの検査の結果、乳がんであるとされたが、この人が実際に乳がんである確率はどれほどか。

ベイズの定理に従うと、答えは7・8パーセントとなる。ベイズの定理をここで初めて知って、この答えに初めから「確かにね」と言う人がいたとしたら、それはものすごい学習能力、確率的センスの持ち主と言える。逆に言えば、ほとんどの人は納得できないということだ。そもそもこの問題を突然出したりすると、キョトンとされることが多い。何が問題かがわからないからだ。「診断率が80パーセントなんだから、80でしょ、それがなぜ問題なの」ということだと思う。

驚きの原因は、診断率（尤度）が80パーセントの検査で陽性が出て、実際に病気の確率が10パーセント未満なんてあり得ないと感じてしまうことによる。乳がんは1パーセントしかいないこと、またこの検査は乳がんでない99パーセントの人に10パーセント近くもの偽陽性を出すことにまったく目が向かないのだ。これは事前確率無視のバイアスと呼ばれている。

ベイズの定理を用いた問題ではいろいろと、パラドックスではないのだが、パラドックスのように見える問題がいくつもある。たとえば「モンティーホール問題」「三囚人問題」（下條・市川による）などがある。チャレンジしてみると面白いと思う。

第5章 自己決定というバイアス

自分のやりたいことは自分が決めるというのは、現代日本ではある意味で常識になっている。多くの人がそれを信じているし、それを求めている。しかしこうした常識からは考えられない結果が、認知科学を含めた心の科学の研究によってもたらされている。

本章は、まず欲求、意図、（自由）意思とは何かから始める。次に意思決定、選択、好みにおける無意識の働きについてさまざまな実験データを提供し、無意識こそが私たちをコントロールしていることを示したい。ただそうなると、いろいろと困ったことになる。それを回避するために、欲求や意図というものが作り出され、それに基づく作話が生み出される。そのメカニズムについても考えてみたい。

5.1 欲求、意図、自由意志

あなたが昼飯にうどんを食べているのを見て、友人が「なんで君はうどんを食っているのだ」と聞いてきたとしよう。いろいろと理由は考えられる。「和風のものがいいなと思ったから」「麺類が食べたかったんだよ」などなど。つまりうどんを食べたいと思ったから、小難しく言うと、うどんを食べるという欲求があったからということになる。

今度はあなたが友人に「なぜ君は『認知バイアス』などという本を買ったんだね」と聞いたと

しよう。これにもいろいろと理由があるだろう。「役に立ちそうだから」「心理に興味があるから」「著者を知っているから」などと彼は答えるかもしれない。もう少し詳しく考えてみると、これらの理由によって、自分はこの本を買おうと考えた、つまり買うという意図が生じたからというのが、購入の直接の原因となっている。

　このように、私たちは欲求や意図に基づいて行動をしていると考えられている。ここでは「……したい」「……しようと思った」が、行動の直接的な原因となっている。これは素朴心理学と呼ばれている。素朴心理学は、人の行動を説明する時に素人が使う基本的な枠組みとなっている。素人の使う枠組みなので、心を扱う学者たちからは忌み嫌われる。なぜならそれ以上探求ができなくなるからだ。4章で取り上げた、4枚カード問題で、もし「母音と偶数を裏返そうと思ったから（意図したから）、母音と偶数を裏返した」と説明したら、「そんなのは説明じゃない」と一喝される（ただふつうの人は認知科学者ではないので、そんな文句は言わない）。

　さて往々にして、これらの欲求や意図は意識できるもの、本人がそれと自覚していると考えられることが多い。だから「なんだか知らないけどうどんを食べていた」とか、「気がついたら『認知バイアス』を買っていた」などと聞くと、ひどく驚くだろう。膝の少し下を叩くと足が前方に動く膝蓋腱《しつがいけん》反射とか、急に目の前に物体が近づいた時に起きる眼瞼《がんけん》閉鎖反射など、意図や欲求が生じない自動的な行動も存在する。しかしこれらは例外的なものと見なされることが多いのではないだろうか。

そして特に意図は自分が自分で決めるものであるとされる。これは古来自由意志と呼ばれ、何をするかは自分が自由に決められるということを意味する。うどんを食べよう、『認知バイアス』を買おう、いやそばを食べよう、『認知バイアス』ではなく『教養としての認知科学』(同じ著者)を買おう、など私たちは自由に意図を持つことができる、と考えられているのではないだろうか。それが証拠に、この自由が侵害されるとふつうは皆怒る。なんでうどんを食べるのかと問い詰められたり、叱責されたりすれば、そんなのは俺(私)の勝手だ、と憤慨するだろう。

この章では、ここで述べてきた行動の原因としての欲求や意図、その意識化の可能性などについて考えてみることにする。この本で取り上げるのだから、「これらが認知バイアス、つまり錯覚のようなものだ」というのが結論になる。

5.2 行動の本当の原因は自覚できない

今から40年以上も前に報告されたとても有名な実験がある。この実験では参加者は、目の前に左右に並べられた4足の女性のストッキングから、もっとも良いと思うものを一つ選ぶことが求められる。実は、この4足はまるで同じものである。同じなのだから、どれが選ばれるかは等確率のはずだが、そうはならない。左から順に12、17、31、40パーセントとなる。この結果は、参加者が左から順にチェックしていくとすると、最初の方のものは選ばれにくく、後の方が選ばれやすいことを示している。つまり人の選好判断は順序の影響を受けるのだ。そして、「最初は選びません」とか、「私は後ろの方を選ぶクセがあります」という人はいないので、これは無意識の働きによって選択がなされたことを示す。つまり私たちは行動の本当の原因を自覚できないのだ。面白いのはここからだ。選んだ人にその理由を尋ねると「1番目のものはなんか肌触りがよくないです」とか、「4番目のものの光沢が若干良いです」などと答えるのである。全部同じなのだから、肌触りも、光沢も違うはずはない（むろんストッキングを並べる順番も毎度変えている）。本人は否定するだろうが、客観的に見れば明らかにこれは作話だ。この作話については本章の後半でまとめて議論することにする。

この報告は著名な社会心理学者である、リチャード・ニスベットとティモシー・ウィルソンによって「知り得る以上に話してしまう（Telling more than we can know）」というタイトルで、心理学の世界ではもっとも権威あると言われる学術雑誌で報告された。論文にはこれ以外にも私たちが、自分の行動に影響を与えている情報に気づけないこと、自分の行ったこと自体に気づけないこと、情報と自分の行動との関係に気づけないことなどが、豊富な実験例とともに紹介されている。心理学者、特に実験心理系の研究者は、一般に、実験参加者の言語報告を信用しな

		相棒	
		協力（黙秘）	裏切り（自白）
自分	協力（黙秘）	自分：2年 相棒：2年	自分：10年 相棒：1年
	裏切り（自白）	自分：1年 相棒：10年	自分：5年 相棒：5年

表5・1　囚人のジレンマゲームの利得表

い人が多い。これは、人間不信とか、性格が悪いとか、そういうことではなく、以上のようなことがあるからなのだ。

こうしたことは他にもいろいろと報告されている。私の研究室でも無意識の働きについての研究を集中的に行っていた時期があったので、その時の研究を紹介してみたい。この実験では囚人のジレンマというゲームを用いている。囚人のジレンマゲームとは以下のようなものである。あなたと相棒はある犯罪を犯し、警察の取り調べを受けている。そこで取調官は次のような話をする。もし相棒を裏切って自白すれば懲役10年を1年にして起訴する。ただし相棒も自白した場合には各々が懲役5年での起訴になる。一方自白しなければ別件の軽微な罪で懲役2年で起訴する。ただし相棒が裏切って自白すれば懲役10年で起訴する。取調官は相棒にも同じことを告げるという。

さてこれをまとめたものが表5・1である。さて、この表を見て考えてみればすぐにわかるが、裏切った方、つまり自白した方が得だ。実験参加者に聞くと、協力を選んで黙秘を続ければ懲役の期待値は(2+10)/2で6年となるが、裏切りを選べば（1+5)/2で3年となる、などという答えが返ってくる。問題は相棒も同じことを考えるということにある。そしてあなたと同様に裏切りを選択すれば、2人とも5年求刑となってしまう。しかしもし双方が協力して黙秘すれば2年ですむのである。だからジレンマとなるわけだ。

大学で実験をするので、囚人とか、懲役とかは不適当だろうから、以下のような対戦ゲームを作った。

1．2人とも協力すれば200円
2．あなたが協力で相手が裏切りならば0円
3．あなたが裏切りで相手が協力ならば400円
4．2人とも裏切れば50円

というゲームである。これも裏切りの方が得に思える。でも2人ともそれをすると50円しかもらえない。

さて実験ではちょっとした工夫を行った。2台のPCが置かれ、正面のメインの画面ではこの対戦ゲームの利得表が映し出され、実験参加者は協力か裏切りかを選択する。もう一方の横に置かれたPCには、スクリーンセーバーのような形で動画を流すのである。図5・1に示したよう

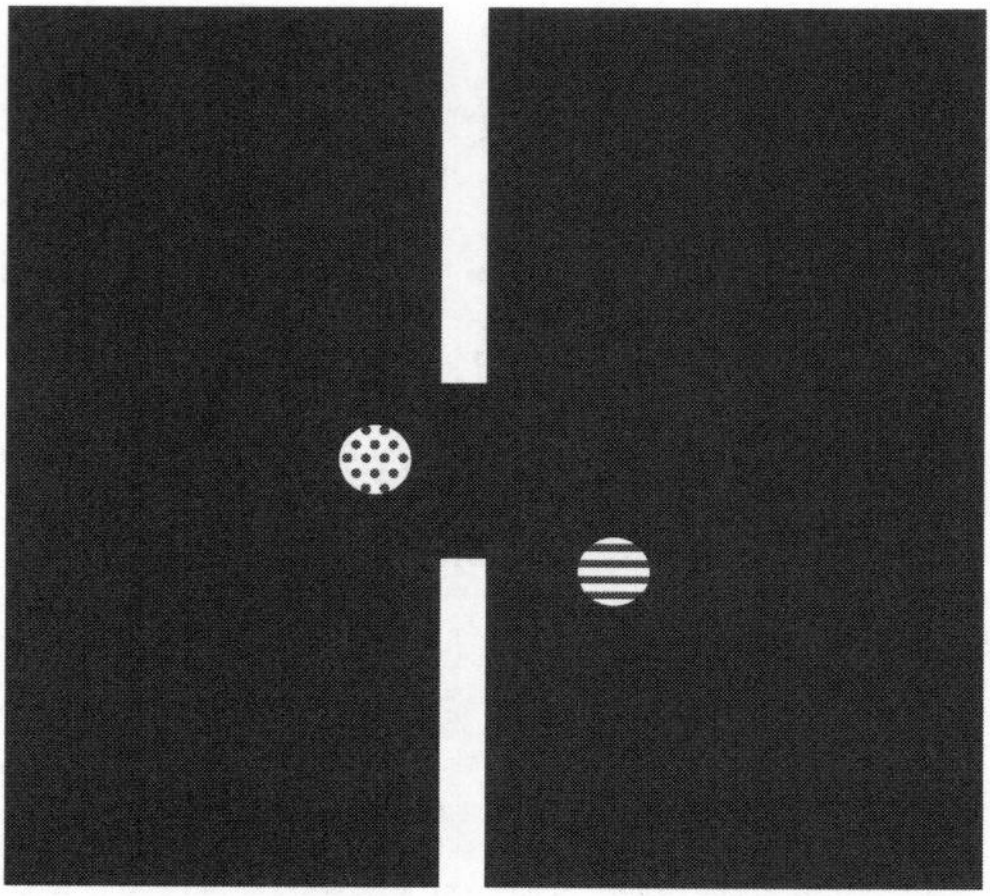

図5・1　援助動画の画像：このあと上ってきた水玉柄を縞柄が助け上げる。

に、この画像には高い壁のようなものがあり、その右に水玉柄と縞柄のボールが出てくる。一方の画像は先に水玉柄がこの壁を越えようとするがうまくいかない。その後に縞柄も越えようとするがうまくいかない。すると水玉柄が縞柄を助け上げるような動きをする。もう一方の画像は、縞柄が先に壁を越える。そのあとに水玉柄も越えようとするが、縞柄は水玉柄を弾き飛ばしてしまう。前者を援助動画、後者を妨害動画と呼んでおく。半分の実験参加者には援助動画を、残りの半分には妨害動画が流れるようにした。彼らには特にこのPCの画像については何も言わなかった。

結果は予想できると思う。援助動画が横で流れていたグループは7割の参加者が協力を選んだ。一方妨害動画が流れていたグループは7割が裏切りを選んだのである。面白いのはその先である。選択の後に、「横のモニタに何が映っていましたか」と尋ねると、多くの実験参加者は見ていないのでわからないと答える。何らかの記憶がある人でも、「水玉柄と縞柄のボールが動いていた」とか「ピンボールのような感じ」などと答える。誰も水玉柄のボールが協力した、縞柄のボールが邪魔をしたなどとは答えない。多くの参加者には2つのボールの動きは何らかの形で視野に入り、網膜に刺激は届いていただろうが、意識的な知覚は生じていない。しかし見えていないものが選択に影響するのである。

当然だが「どうして協力（あるいは裏切り）を選んだのでしょう」と尋ねても、ボールの運動に言及する人はいない。その代わりに「こんなごくわずかのお金のために裏切るのは嫌だ」とか、「裏切った方が得じゃないですか」と答えるのである。これはストッキングで見たのと同じ作話である。ここでもまた自分の行動に影響を与えた情報に気づくことができないのである。

こんなふうに、私たちは周りの環境からの情報に影響を受けながら意思決定を行っていることも多いのだが、そのことに気づくことはない。これは「選ぶ意図」を選択の原因とする素朴心理学の見解からはとても説明できない。

5.3 伝染する意図、目標

私たちは目標を持って行動をしている。食堂に行くのは満腹になるためだし、勉強をするのは試験でいい点を取るためだ。ここでは満腹になる、いい点を取ることが目標となっている。自分で立てた目標は自分が自由意志によって作り出したものであり、他人はあまり関係ないように思える。しかし他者の目標が自分の目標に影響を与えることもある。

ヘンク・アーツたちはこれを目標伝染と呼んで、面白い研究を重ねている。そのうちの一つの実験では、参加者は2つの独立した実験を行うと告げられる。最初の実験では、マウスでパソコンの画面上に現れた点をできるだけ素早くクリックすることが求められる。次に、簡単な文章を読んでもらい、それがどの程度わかりやすかったかを評価してもらう。この文章には2つのタイプが用意されている。両方とも、ある男性が元のクラスメート（女性）と街中で偶然再会し、その後飲みに行く。そして自宅まで送っていく。その時、片方の文章では最後の文が「部屋に行ってもいい」と問うものであるのに対し、もう片方では「楽しかった、また会いましょう」となっている。つまり前者では主人公の男性がセックスを望んでいることが暗示されている（つまりセックスという目標のもとでの発話ということになる）。もう一方にはそうした容易に推測できるような目標は含まれていない。

これで2つの実験は終わったわけだが、参加者は最初の実験は学部生が考案したもので、いろいろと不備があった可能性があるので、アドバイスとなることを書いて欲しいと言われる。この時、半分の参加者には学部生の名前がエレンであることが伝えられる。残りの半分の参加者には学部生の名前がエドウィンであることが伝えられる。つまり前者は女性であり、後者は男性である。さてこれで文章のタイプが2つ（セックスゴールの有無）と、最初の実験の企画者の性別（男女）が2つで、都合4つのグループができたことになる。

ずいぶんとややこしい実験なのだが、この実験の肝はアドバイス量が各グループによってどれほど異なるかということだった。アーツたちはもし目標が伝染するのであれば、セックスがゴールの文章を読み、かつマウスクリックの課題の企画者が女性（エレン）であった時にアドバイス量が最大になるはずだと考えた。なおアドバイス量は、アドバイスにかけた時間とアドバイスの単語数をミックスして正規化したものとした（平均が0、標準偏差が1）。念のために付け加えるが、実験参加者はすべて男性であり、かつ異性愛者であることを事前の調査で確認している。

結果は彼らの予想通りであり、セックスゴールの話を読み、マウスクリック課題の企画者が女性（エレン）と告げられたグループはもっとも援助量が多かった。これについて彼らは以下のように考えている。男性がセックスをするという目標を達成するためには、さまざまな方法がある。ただその中でも女性に対して援助的になる、つまり優しくすることはだいじな手段となる。実際、男性がセックスを行いたい場合、相手の女性に援助的な行動を取るのが有効だという先行研究はたくさんあるし、アーツたち自身もそれを確かめている。お話の主人公の目標が伝染したとすれば、その目標を達成する手段＝援助的になる、も同時に活性されるはずだ。そうであれば、実験の中で、セックスがゴールの文章を読み、かつマウスクリックの課題の企画者が女性であると告げられたグループの援助量が最大になるのは筋が通っている。

同様の実験は私たちの研究室でも行ったことがある。当時大学院生だった太田真梨子は、ゴールを衛生に変えて実験を行った。実験参加者にはまず最初に2つの短い文章の片方を読んでもらう。どちらもほとんど同じで、ある女子大生がインドを1ヵ月にわたって旅行したというものだ。日本食を食べたくなったその女子大生は、ある町のはずれに日本料理店を見つける。ここまでは2つとも同じである。ただ最後の文が、「○○さんは刺身定食を注文しましたが、考え直して焼き魚定食にしました」というものと、「○○さんは焼き魚定食を注文しましたが、考え直して刺身定食にしました」というものが準備された。そして参加者たちには、この文章がどの程度読みやすいかを評価してもらった。

さて最初の文章での刺身から焼き魚への変更理由は明白だろう。つまり衛生上の問題が気になったからだ。一方焼き魚から刺身に変えた理由はよくわからない。調べてみても、前者については圧倒的に衛生の問題を挙げる人が多かったが、後者については「好み」とか、「うまそう」とか、さまざまな理由に分散した。もし主人公の目標が実験参加者たちに伝染するのであれば、前者を読んだグループは衛生を実現するような行動（手段）を取るようになるだろう。

実験では最後にお礼として図5・2の写真のように、クッキーと消毒液を噴霧する容器をトレ

図5・2　実験の最後に提示したトレー。参加者は自由にクッキーを取ることができた。

ーに置いたものを出し、「どうぞ実験のお礼ですので遠慮せずにクッキーを取ってください」と告げた。一方、消毒液については何も言わなかった。そして実験前後の消毒液の重さを測り、その減少量を伝染の指標とした。

結果はアーツたちと同じだった。衛生目標を持つ女子大生の文章を読んだグループは、消毒液の使用量が、そうでないグループよりも多くなった。そしてここでもまた作話が起きていた。消毒液を使った参加者たちに、なぜそれを使ったのかを聞くと、「そこにあったから」「つり革を摑んでいたから」などの発言はあるが、読んだ文章に言及する人は一人もいなかった。

このように自分の自由意志で立てたと思われている意図や目標も、実は他者からの伝染、つまりモノマネになっている。そして伝染したこと、真似たことには無自覚で、自分で考えてやったと言い張るわけだ。なんとも悲しい話かもしれないが、よくよく考えれば日常的かもしれない。チームで一丸となってプレーしたい、憧れの人と同じようになりたいなどは、こうした伝染の結果とも考えられるからである。

5-4 好き嫌いの原因も意識できない

何が好きか、何が嫌いかということは、個人の自由意志に基づくものと考えられるだろう。そしてなぜ好きかと問われれば、それなりの答えが出てくる。しかしこの好みも、選択同様、自分が意識していない情報の影響を受けている。

ロバート・ザイアンスという心理学者は、実験の参加者たち（漢字やトルコ語を知らない）に今までに見たことのないような形の図形（でたらめな8角形、漢字風の文字）や、意味のわからない単語（トルコ語の形容詞など）を多数見せて、それに対してどの程度好きかを判断させた。ただしその判断をさせる前に、それらを何回か提示した。提示する回数はそれぞれ異なり、0、1、2、5、10、25回となっていた。なんの意味もないのでどれも似たような好意度評価になるように思われるが、好意度は提示回数の影響を強く受けていた。一度も見たことのないものについての好意度は7段階評定（0－6）でだいたい2・6あたりになるが、一度見ただけで3くらいに上昇し、10回見せると3・5、25回見せると3・6から3・7くらいに上昇したのである。もちろん提示回数と単語などの組み合わせはランダムなので、好意度がもともと高い形や単語がたまたま25回に割り当てられたという可能性はない。

好きなものの理由を答える時に、それを見たり、聞いたりした回数を挙げる人はとても少ないと思うが、実際にはその回数が影響しているのである。何度も見れば飽きるので好意度は下がるようにも思えるが、実は回数が増えれば私たちはそれを好きになってしまうのである（なお一定水準以上にはならない）。

むろんこの実験に参加した人は、単語が提示された時、「見たことないな」とか「これは山ほど見た」などの印象を持つだろう。しかし、こうした意識が生じない場合でも単純接触効果は表れる。私の研究室にいた神戸健人は、両耳分離聴とシャドウイングという方法を用いて、無意識レベルの単純接触効果についての研究を行った。両耳分離聴というのは聴覚の研究分野ではよく知られたもので、ヘッドフォンの右と左に別々の音声を流す。そして片方から聴こえる音声をシャドウイング、つまり模倣して声に出させる。すると、模倣していない方の音声はまったく意識に上らない。シャドウイングをしていない方の音声が男性から女性に変わったことすら気づかないという報告もある（ただし自分の名前が呼ばれたりすると急に意識がそちらに向く）。つまり注意を向けていない方の情報は通常はほとんど意識に上らないというわけだ。これは1章で述べた、ゴリラの話からすれば特に違和感はないと思う。

実験では英語の学習方法についての音声を片方に流し、それをシャドウイングさせた。もう片方には、外国人の人名らしき無意味な音声（シュチェス、ロファシ、セレガス等々）を流した。この人名らしきものの中のあるものは5回、あるものは10回聞かせている。そしてシャドウイングの後に、一度も聞かせていない単語も込みにして、それらの好意度評定を行った。すると、0回と5回の間には差はなく、だいたい6段階の評定（1－6）で3程度であったが、10回聞かせると4程度まで上昇することがわかった。

このように意識にないところでも単純接触効果は表れる。このような効果をまとめた論文によると、意識できない刺激の方が単純接触効果は強く表れるとされている。

さてこの章は決定に関わる認知バイアスについてのものだが、聞いたこともない単語の好意度を決めるなんていうのは大した話ではないと思う人も多いだろう。当然だ。日常生活ではもっと重要な決定がたくさんある。その中でも結婚というのは多くの人にとって最重要な決定だろう。これについて衝撃的な研究がある。それは社会心理学者のジョーンズたちのグループによって行われたものだ。彼らは約半世紀にわたるアメリカの3つの地域の戸籍簿を調べた。すると、姓が同じスペルで始まるカップルの比率が確率的な予測値よりもかなり高いことが見出された。さらに同じ姓の結婚比率は驚くほど高い。表5・2はよくある姓6つの人たちの結婚状況を表したも

花嫁の姓	花婿の姓					
	Smith	Johnson	Williams	Jones	Brown	全体
Smith	198	55	43	62	44	402
Johnson	55	91	49	49	31	275
Williams	64	54	99	63	43	323
Jones	48	40	57	125	25	295
Brown	55	24	29	29	82	219
全体	420	264	277	328	225	1514

表5・2　結婚相手の姓：アラバマ、ジョージア、テネシー州などの南東部の州。
Jones, J. T., Pelham, B. W., Carvallo, M. and Mirenberg, M. C. (2004). How do I love thee? Let me count the Js: implicit egotism and interpersonal attraction. Journal of Personality and Social Psychology, 87, 665-683.

のである。対角線のところ、つまり同姓同士の結婚のセルを見てほしい。その他に比べて2〜3倍の高さになっていることがわかるだろう。

これは無意識的自己中心主義と呼ばれているが、ここにも単純接触効果が関係している可能性があると思う（ただしこの研究では単純接触だけでは無意識的自己中心主義は説明できないとしているが）。つまり自分がもっともよく接する姓の一つは、自分の姓だということだ。自分の姓なんて何の興味もない、改姓したいくらいだと考える人もいるかもしれない。しかし、単純接触が示すことは、そうした意識とは別に、私たちは接触頻度に影響を受けた好意度判断を無意識のうちにしてしまうということなのだ。もしかすると私もテストの成績をつける時に、「鈴木」さんには高い評点をつけてしまっているかもしれない。

5.5 私たちは脳の奴隷なのか

意図を原因とする意図的因果説という素朴心理学は脳科学からも挑戦を受けている。脳科学の分野で歴史に残る実験が、ベンジャミン・リベットによって約半世紀前に行われた。数字が書かれた円盤が実験参加者の前でぐるぐると回っている。参加者のすることは、自分の目の前のボタンを押すことである。いつ押してもいいのだが、それを押そうと決意した瞬間の円盤の最上部にある数字を覚えておくことが求められる。これによって決意した時間を正しく推定できる。むろん押した時間も記録されるので、ボタンを押す意図は実際の行為のどれほど前に生じるかがわかる。

さてこの実験にはもう一つの工夫がある。それは脳波を測定する計測装置を参加者につけさせるということだ。ボタンを押すなどの運動を行う際には、実際の運動の前に脳に特別な波形が現れる。これは準備電位と呼ばれている。これを用いることで、脳活動、意図、運動の順序関係を調べることができる。

予想通りだが、意図は運動の約0・2秒前に発生していた。これは当たり前だろう。運動の後に運動のための意図が生じるというのは論理的にあり得ないように思える。問題となったのは、脳活動と意図の順序である。実は準備電位は実際の運動の約0・5秒前、つまり意図発生の0・3秒前に発生していたのだ。

この結果は、人間の意図、自由意志を信じる人たちには大きな衝撃を与えた。もし脳活動が意図の前に生じるのであれば、我々人間は脳活動という物理的、生理的な過程に支配されているのであり、自由な意図、意志は幻想に過ぎないということになるからだ。ボタンを押そうと考える前に、脳は押せと命令し、私たちはそれに従って動いているに過ぎないというわけだ。何か自分で考えてやっているように思っても、実際には脳の命令を実行しているだけ、つまり私たちは脳というご主人に仕えるロボットのようなものである可能性をこの実験は告げているのだ。こうした考え方は決定論と呼ばれている。

脳科学者ではないのだが、長年にわたって人の無意識的行動を研究してきた、社会心理学者のダニエル・ウェグナーは「見かけの因果」という興味深い説を唱えている。彼はリベットらの実験に基づき、実際の人の行動は脳の物理的過程によって生み出されていると考える。つまり外部からの情報の入力により、脳内に一定の変化が生じる。その変化のいくつかが運動指令を出す。すると体が動くという具合である。またこの過程は意識することができない。何かの運動の過程で起きることがいちいち意識の中に入ってきたとしたら、それはとても面倒なことになるからだ。キーボードでこの文章を打っている時、中指が少し前方に伸びたとか、親指がスペースキーに近づいているなどのことが私の意識の中に入ってきたら、とても文章を考えることなどできないではないか。

さて人間には（他の動物もそうかもしれないが）、なぜかこの運動指令が出た後に、私たちが「意図」と呼ぶような何ものかが副産物として生み出される。そして、これもなぜかはわからないが、この副産物は私たちが意識可能という性質を持っている。これはそもそも副産物であるのだから実際の運動とは無関係なのだが、運動の直前に現れるため、そしてそれを意識できるため、これを原因と勘違いしてしまう。こうしたことで意図が運動を生み出す原因という錯覚が生じる。しかしそれは見かけの因果に過ぎない、というのがウェグナーの主張である。

こうした極端な解釈に対してはさまざまな反論がなされている。リベット自身もその一人であり、意図の発生から実際の運動までの0・2秒の間に、私たちはその運動を止める意図を持つことができると述べている。また運動の中止と意図についてはその後も研究が続き、だいたい0・2秒前ならば運動を中止させることができることが確かめられている。

しかし少し考えてみれば、これは自由意志を肯定することにはならないことがわかる。なぜならば脳は運動を途中で止めようと思う0・3秒（脳活動が発生する時間（0・5秒）から意図が発生する時間（0・2秒）を引いた秒数）前に止めるための活動を始めているからだ。また個人的には脳活動とは独立の自由意志はあり得ないと思う。脳に基盤を持たない精神的な何かというのは、霊魂、魂のようなものにならざるをえず、これを信じる根拠がないからである。

認知科学、心理学などの心の科学を否定しようとする人たちはたくさんいる。この人たちの一部に、「自分の心の働きは自分が一番よくわかっている。だから科学者たちにあれこれ言われる筋合いはない」というものがある。しかしこれまでに見てきたように、私たちは意識できない情報に支配され、意識できない脳の働き、情報処理の影響を強く受けている。意識できないから、内省や事後報告とは別の方法で研究をする必要があるのだ。

次は、この無意識のプロセスを人はどのように捉えるのかについて考えていこうと思うのだが、その前に少し現代の心の科学における無意識研究について少しだけ寄り道をしてみようと思う。

5.6 現代の無意識研究

さて無意識の存在を最初に定式化したのは、精神分析学の始祖であるフロイトだ。彼はさまざまな精神疾患の背後には無意識が存在すると述べ、意識、理性一辺倒だった西欧の哲学に大きな衝撃を与えた。ただ現代の心の科学において、無意識の研究はきわめて盛んに行われているが、フロイトを高く評価する人はごくわずかだ。理由はいくつもある。その中でもだいじなのは、フロイトの無意識が実験的に検証不可能だからだ。実験科学は、ある現象の原因を突き止めるために、原因となるものを与えるグループとそうでないグループの比較をしたりする。しかし精神疾患についてこの種の実験を行うことは、倫理上不可能だ。実験的な確証が得られないことを主張することは、科学者がやってはいけないこととされている。実は私はフロイトやユングなどのような精神分析をしたくて心理学科に入学したのだが、入学直後にそんなものはやっていない、やりたいのであれば医学部に行けと言われて衝撃を受けた覚えがある。

現代科学における無意識は、まさにその名の通り「意識できない」心の働きを指す。よくよく考えてみればほとんどの認知過程は意識的に把握することが難しい。よほど特殊な環境でない限り、私たちは何が自分から見て手前にあり、何が奥にあるかは瞬時に把握できる。これは奥行き知覚と呼ばれている。では「あなたはどうしてキーボードがディスプレイより手前にあるとわかるのですか」と言われたらどうだろう。あるいは母親の名前を思い出すように告げられ、その後にどうやってそれを思い出したかを述べてください、と言われたらどうだろう。どちらの場合も絶句するほかないのではないだろうか。つまり私たちは複雑な認知プロセス自体には意識的アクセスができず、単にその結果を意識しているに過ぎないのだ。

言いたいことは、無意識はフロイトが述べたように精神疾患の中だけに現れるわけではないということだ。世界を三次元で知覚するとか、母の名を思い出すとか、そういう無意識の働きの解明に、エゴとか、イドとか、タナトスとか、そういう概念は不要だ。これもフロイトがあまり評価されない理由だろう。こうしたことを反映して、現代の研究では無意識（unconscious）とは言わず、非意識（non-conscious）、下意識（subconscious）、自動行動（automatic behavior）などの用語が用いられることが多い。フロイトと関係づけられるのを避けようとしているのではないかと思う。

5-7 人はなぜ宇宙人に誘拐されるのか〜作話の正体

この節のタイトルは、相当に衝撃的（笑える？）だと思うが、実はエリエザー・スタンバーグの本から取ってきている。私もタイトルにとても惹かれて読んでみた。一見ふざけた本のように思えるが、脳科学、精神科学の知見を、豊富な症例とともに解説するきわめて真面目な本だ。そもそも原題はNeuroLogicであり、「神経の論理」と訳すのが適当だろう（翻訳書のタイトルの方が個人的には好きだが）。以下ではこの素敵な本で取り上げられている症例を紹介してみたい。

さて私たちは自分の体を随意に動かすことができる。足を組もうと思えば足を組めるし、手を挙げようと思えば手を挙げることができる。では睡眠中はどうだろうか。寝返りを少なくとも5回は打つようにしようといくら念じてみてもそうは体は動かない。いびきをかかないようにと努力しても、いびきはかいてしまう（それができれば家族に安らかな眠りを与えることができるのだが）。

このように睡眠中は体を随意に動かすことはできない。これは睡眠中には、前頭葉などからの信号が運動領野へ届かないようになっているからだ。だから夢の中で暴漢に襲われそうになり逃げ出したとしても、実際に走り出したりすることはない。一方、目覚めれば体はまた自分の意図に従って動くようになる。これはオフになった回路がまたオンになるからだ。

ところが何らかの理由で、覚醒あるいはそれに近い状態になっているのに、回路がオンにならないことがある。すると意識はしっかりしているのに体を動かせない異常事態が出現する。これは睡眠麻痺と呼ばれており、インターネットなどにもさまざまな解説が載せられている。

さてここからが心の出番となる。自分が動こうと思っているにもかかわらず、体が動かないというのはどんな場合があるのだろうか。冷静な医師ならば、「ああ睡眠麻痺か、しばらくすれば治るから横になっていよう」と思うかもしれない。しかしそんなことを知らない人は別のことに理由を求める。体が動かない典型的な場面は縛り付けられた時かもしれない。そういう人は金縛りにあったと考える。そしてそんなひどいことをする人は周りにはいないから、きっとそれは悪魔や鬼がやったに違いないということになる（つまり悪魔や鬼の意図だ）。

理由は、その地域に伝わる伝説、神話などに求められることもある。wikipedia には世界のさまざまな地域での睡眠麻痺の説明枠組みが挙げられている。幽霊、死者、悪魔が体に乗り移り体を支配した、凶悪な動物が自分を押さえつけている、神聖な樹木が人から栄養を取るために動けないようにしている等々。人間の想像力の豊かさに驚かされるばかりだ。

さてここまで語れば、本節のタイトルはだいたい理解していただけたのではないだろうか。アメリカでは１９３８年にオーソン・ウェルズが「宇宙戦争」というラジオ番組を製作した。この番組は火星人がアメリカの実在の都市に襲来したというフィクションである。しかし相当にリアルに作られていたために、多くのアメリカ人がそれを信じ、混乱が起こったという。この話はかなり有名であり、アメリカ人たちには広く共有されている。こうした文化の中に育った人の中には、自分の体が動かせない理由を宇宙人に求める人がいても不思議ではない。宇宙人がただ動けなくしただけでは話が成立しないので、連れ去って実験をして地球の人間を科学的に解明しようとしたなどの尾ひれがつくことになる。もっともＵＦＯなどの目撃証言はアメリカでは19世紀からあるとされているので、このラジオ番組だけのせいでもないのかもしれない。日本でも「ＵＦＯのまち」として知られる、石川県羽咋《はくい》市では宇宙人に誘拐されたという人が他の地域よりも多いかもしれない。

5-8 さまざまな因果とその誤用

このように人は自分の行動（宇宙人の場合は行動できないこと）にとんでもない理由づけを行う。行動の理由づけというのは、その原因を考える、つまり因果関係を見つけ出すということとなる。

哲学者のダニエル・デネットに従えば、因果関係には次の3つのタイプを区別する必要があるという。

物理的因果性　物理法則に支配された因果関係。なぜ坂道ではものが転がるのかといえば、それは重力、抗力が存在しているからだ。

設計的因果性　人が設計したものの動きに関わる因果関係。なぜ赤信号の後に青信号になるのかといえば、人がそうなるように設計したからだ。

意図的因果性　人を含めた生き物の行動に関わる因果関係。なぜ彼は食事をしているのかといえば、そうしたいと思ったからだ。

その時、その時によって使う因果関係は異なる。物体の運動は物理的因果で説明されるだろうし、道具などの人工物については設計的因果が使われるだろう。そして人の行動は意図的因果、つまりそうやろうと思ったからそう行動した、という形で説明がなされる。

人の行動が絡むと、私たちは意図に偏った説明をしがちになる。しかし行動を成立させているのはそれだけではない。誰かが首吊り自殺をしたとする。確かにその人は「死のう」という意図を持っていただろうし（もっとも脳活動の方が先だが）、それが彼の死に関わっているのかもしれない。しかしその人を取り巻く人間関係、たとえば「職場でひどい扱いを受けていた」も原因の候補になる。また「首吊りに使った縄が、彼の体重を支えるのに十分な強度を持っていた」も原因となるだろうし、重力だって原因だ。月ならば自殺できなかったかもしれないからだ。しかし自殺をした人の通夜の席で「なぜ息子は死んでしまったのだろう」と涙ながらに語る親に、「重力のせいですよ」と答えれば、その場を追い出されるだろう。社会も、人の行動の説明には意図を求めるのである。

さまざまな事件は、それに関わる人の心（意図や欲求）によって引き起こされたと私たちは考えがちだ。ある親が子供を置き去りにして遊び呆け、子供が死んでしまったなどという大変に悲惨な事件が起きたりすると、その母親のメンタリティーがおかしいというようなことがよく報道される。これは子供を置き去りにして外で遊ぶという意図をその母親が持ったことが原因と考えるからだ。そしてそのような意図がどうして生じたのかといえば、遊びたいという彼女の欲求、子供は二の次という彼女の意図が原因だと考えられたりする。実際には母親を取り巻く状況が（不可避的にとまでは言わないが）、そうした事件の発生に関与しているという可能性はとても低く見積もられる。これは他人の場合にはさらに顕著になるが、ここでは3章でも述べた、帰属のバイアスが強く働いている。

人が関係なくても意図を持ち出す場合すらある。大災害などを神が人間に与えた罰と考えたりすることが、一部の宗教の中にある。つまり自分たちが経験したことのない、想像を絶するようなことに説明をつけようとして、神という超越的な存在を仮定し、その意図が災害を引き起こしたと考えるわけだ。もっと幼稚なものもある。東日本大震災の時には、当時の都知事が、地震は日本人の我欲のせいだと語った。これほどの妄言を信じた人は少ないだろうが、都知事は物理的因果で語るべきことを神（天）の意図によるものとして語ったのだ。

こうした意図に基づく説明は、心理（学）主義と呼ばれ、心理学の近接領域の人から批判される。心理学主義がおかしい一方、なんでも社会的な事柄に起因させるのも変な話だと思う。昔私が大学で勉強した頃は、マルクス主義がまだ強い影響力を持っていた。これを信奉している人たちは、すべての事象は下部構造と彼らが呼ぶところの経済関係（生産手段の所有）によって説明できると言っていた。物事にはそういう側面があるだろうし、そういう見方が意味を持つ場面もあるだろうが、それ一つだけで説明可能なことは限られているだろう。

5.9 意志と行動、そして意図を超えて

さてこれまでの節で述べてきたように、人の行動は自由意志によって、その人が自覚できる意図に基づいて行われるわけではなく、意識できない情報、無意識の働きによって引き起こされる。これは大きな問題となる。なぜなら原因が意識できないからだ。意識できないものは理由や原因の候補とはならない。ではどうするのだろうか。

今までも見てきたように人は意図に基づく作話、つまり意図を使ったでっち上げをするのだ。囚人のジレンマ型の対戦ゲームでは明らかに横のモニタの動画が影響しているが、「こんなごくわずかのお金で裏切るのは嫌だ」とか、「裏切った方が得だから」などと答える。目標伝染で消毒液をたくさん使う人たちは「そこにあったから」「つり革を掴んでいたから」などという理由を挙げる。そしてその理由に基づいて、協力あるいは裏切りを選ぶ意図を持ち、対応するボタンを押したとか、消毒液で手を消毒すると考えるのである。東日本大震災時の都知事は想像を超える天災の原因に、現代日本人の「我欲」を持ち出した。

20世紀初頭に活躍した稀代の社会学者であるマルセル・モースは、人を理解するには、生理

学、心理学、社会学的な観点を取ることが重要だと指摘した。理由は明白で、人は生き物だからであり、心を持つからであり、社会の一員だからである。人の行動はこれらの化合物として捉えるべきだというのがモースの主張である。

生物学的な観点に関しては、気鋭の意識研究者であるデイヴィッド・イーグルマンは『意識は傍観者である：脳の知られざる営み』（早川書房、2012年）の中で大変に示唆に富む事件を挙げている。それはチャールズ・ホイットマンという25歳のアメリカ人青年が1966年に起こした大量殺人事件についてである。彼は自分の母親と妻を殺害した後、13人を銃で殺害し、33人を負傷させた。ホイットマン自身も警察によって射殺されたが、死後の解剖でわかったことは彼には膠芽腫《こうがしゅ》と呼ばれる腫瘍があり、それが扁桃体を圧迫していたのである。扁桃体は感情や攻撃性の制御に関わる部分であり、これの異常によって恐怖心が薄らぎ、感情が鈍化し、過剰な反応などが引き起こされる。ホイットマンの犯した犯罪には、こういう生物学レベルの変化が原因の一つとしてあることは間違いないだろう。ここまで極端な行動ではないが、前頭側頭型認知症（別名ピック病）では、この部位の神経細胞の減少により、行動に抑制が効かなくなり、欲しいものをなんでもとってきてしまう、つまり万引きのような行動が生み出されたり、性欲の抑制がうまくいかず、セクハラ、痴漢などの行動につながったりすることもあるという。そして家族は「あの人は本当はこういう人だったのだ」という作話をしてしまう。

一方、人は社会の中で生きており、そこにうまく適応できないとさまざまな困難に陥る。こうした社会的な要因も行動に深く関わっている。3章で少しだけ述べたが、他者の行動、特にネガティブな行動の原因はその人の性格などに基づく意図から説明される。遅刻をするのはズボラであるからであり、人を罵ることが多い人は「攻撃性」が強いからであり、子供を放置するのは責任感がないから等々。しかし実際はもっと複雑なことがほとんどだ。遅刻をするのは忘れ物をしたからかもしれないし、事故で道が混雑していたからかもしれない。人を罵るのは、罵られるべきことをした人がいたからかもしれないし、社会からつまはじきにされた腹いせからかもしれない。子供を放置するのも、誰も相談できる人がいないからかもしれないし、それを克服するために仲間づきあいをだいじにしたからなのかもしれない。

心、そしてそれが生み出す意図が行動の原因であることは多くの人に共有された信念だ。しかし意図だけを原因とするのはあまりに短絡的だろう。生物学的な観点、社会学的な観点からの複合的な人間理解が求められていると強く思う。しかし自分を振り返っても、それは実際にはなかなか難しい。

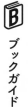

ブックガイド

①『心の中のブラインド・スポット：善良な人々に潜む非意識のバイアス』バナージ他（2015）北大路書房
②『無意識と社会心理学：高次心理過程の自動性』バージ（2009）ナカニシヤ出版
③『サブリミナル・マインド：潜在的人間観のゆくえ』下條信輔（1996）中公新書
④『意識をめぐる冒険』コッホ（2014）岩波書店
⑤『脳はなぜ「心」を作ったのか：「私」の謎を解く受動意識仮説』前野隆司（2004）筑摩書房
⑥『人はなぜ宇宙人に誘拐されるのか？：自我を形作る「意識」と「無意識」の並列システム』スタンバーグ（2017）竹書房

無意識の研究は認知科学よりもだいぶ前から社会心理学の重要な研究テーマとなってきた。❶はこのテーマについての読みやすい書籍であり、❷は専門性が高い書籍である。認知科学、認知心理学での取り組みは、出版してからだいぶ経つが❸が特にお薦めである。❹は現代の意識研究を先導する研究者によるものであるが、とても読みやすい。❺は工学者によって書かれた、意識に対する挑戦的な書である。❻は5・7節で取り上げたものである。タイトルは過激であるが、間違いなく良書と言える。

第6章

言語がもたらすバイアス

言語はおそらく人間だけが利用できるものである。そうしたことから、言語は人間性、人間の知性の象徴的存在として語られることが多い。ただ光があれば影ができるように、言語は私たちに福音をもたらしただけではない。言語があるがゆえに、嘘、デマ、差別が広がり、多くの人を苦しめたり、死に至らしめたりもした。こうしたわかりやすい影の部分だけでなく、私たちが知らないうちに、言語が奪い去った、あるいは覆い隠した認知能力もある。そしてそれがある種のバイアスを生み出しもする。

本章ではまず言語が人の認知にもたらすポジティブな側面について考えてみる。次に言語が生み出す影の部分について考えてみようと思う。

6.1 言語のもたらすもの

言語は私たちに多くのものをもたらした。言語によって世界を構造化し、秩序立った形で他者に伝達できるようになった。これを受け取った人は自分が経験せずとも、伝えた人の経験を利用して物事を考えたり、判断したりすることができるようになった。つまり人の肩に乗って活動することが可能になり、世代を重ねるにつれてスタート地点が進歩する。

こうしたことは、言語が時間や空間を超えられることに由来する。言語に似たものとして動物も警戒音というものを発することが知られている。サルたちは捕食者が近づいたことを音声によって仲間に知らせる。また種によっては捕食者の種類によって音声を使い分けることもある。ただしそれはその場限り、敵がその場にいた時だけのものだ。樹上でくつろいでいる時に、仲間たちに「昨日川の方に行ったらヘビがたくさんいたよ」というようなことを伝えることはできない。伝えられないから、仲間はまた天敵のヘビがいる川の方に向かうかもしれない。一方、人間の使う言語は現在の状況とは切り離された事柄を伝えられる。さらに文字が生み出され、書き言葉が広まるようになると、伝え手がいなくても、死んでしまっても、またよその国に住んでいても、その経験は再利用可能になった。これは人が受け継いだ、とてつもなく大きな財産だと思う。

実はコミュニケーション以外にも言語は大きな役割を果たす。3章で取り上げた概念は、言語とは切っても切れない縁がある。多くの単語はある概念のラベルとなっている。3章で概念はプロトタイプとして頭の中に保存されていることを述べたが、プロトタイプは「……のようなもの」という感覚レベルで捉えられていることがほとんどである。ただこれに言語的なラベルがつくと、微細な違いを考慮せずに一括して扱えるという意味で、とても扱いやすいものとなる。どこかで白鳥を見たことを伝えたい時、「白鳥」という言葉がなければ、それを伝えるのには一苦労することになるだろう。「羽があってさぁ、白くて、結構大きくて、綺麗な……」などとやら

げんき	たぬき	ひるね	とくい	こだま	いちご
にしん	じしょ	おぼん	こうか	たばこ	こねこ
たおる	つばき	かんじ	きよう	たかさ	りんご
かれい	せなか	てくび	しせい	すきま	おとこ
たから	いとこ	くもり	ぶどう	きけん	そうじ

図6・1　３分間かけて覚えてみよう。その後すぐに思い出してみよう。何個思い出せただろうか。

ねばならなくなる。だいたい「羽」「白い」「大きい」なども、そもそも言語であり、これも使えないとすれば、伝える手段は身振りしかなくなる。

言語はコミュニケーションによる伝達、蓄積の他にも大きなものを与えてくれる。記憶には精緻化と呼ばれる記憶増幅メカニズムがある。たとえば図6・1のような30個の単語をできるだけたくさん覚えるとしよう。

この時、特に指示されなくても、ふつうの人はさまざまな工夫をして覚えようとする。この工夫のことを精緻化と呼ぶ。精緻化にはいろいろなタイプがあるが、たとえばお話作りはその一つだ。「元気なタヌキが昼寝をしていると、特異なこだまがイチゴのありかを教えてくれた」などである。文自体は馬鹿げたものであるが、このようにするとふつうは15から20くらい思い出すことができる。人によっては全部思い出せたりもする。通常、人の記憶は5〜9と言われているが、その数倍の単語を記憶できる。これは言語がなければまったく不可能な話だ。

言語が何をもたらすかは、近縁種の動物との比較も大切だ。チンパン

最初に提示	次にどちらか選ばせる	
○	△	△
○	△	▽

図6・2　チンパンジーに課された四項類推課題

ジーは人間ともっとも系統的に近い動物と言われる。しかし両者ができることには大きな違いがあるのも確かだ。6・4節で述べるが、それは必ずしも人間の優位性を示すものばかりではない。ただし、私たちが造作もなくできるようなことが、チンパンジーたちにはひどく困難なことも多い。その中に知能テストなどで用いられる四項類推と言われる課題がある。これは一般的にa：b＝c：?という形式をとる。「ズボン：ベルト＝着物：?」と問われて、「帯」と答えたりする課題だ。ただこうしたものは人間としての生活をしないとわからないので、チンパンジーたちにはもっと簡単な課題を行う。たとえば図6・2のように○○をまず提示する。次に、△△と△▽を提示し、左の列か右の列かを選ばせる。人間には一目瞭然であっても、ふつうのチンパンジーたちにはなかなかこれができない。

　ところが事前の訓練で、同じもののペアの時にはハート型の積み木、異なるときには四角の積み木を選ばせることを学習すると、多くのチンパンジーがこの課題を解決できるようになる。

　ここで用いられる積み木は、「同じ」を表す単語のようなものと考えることができるだろう。この単語は四項類推において特別な意味を持つ。円と円は同じ、三角と三角は同じという時に、「同じ」を構成する要素は異なっている。しかし「同じ」という単語＝積み木を用いることにより、個別の内容が捨象《しゃしょう》され、関係性だけを取り出すことができるようになるのだ。

チンパンジーたちの積み木と、子供が覚える「おんなじ」が厳密な意味で対応するかはわからない。しかしこの実験は、単語（あるいはそのようなもの）の学習が個別性を超えた思考を可能にすることを示しているように思われる。

6-2 言語は記憶を阻害する

それでは言語のもたらす影の部分に進んでみたい。直前に述べた記憶から始めることにしよう。これについてジョナサン・スクーラーたちが行った実験がある。この実験では、ある犯罪が行われた時のビデオを参加者たちに視聴させる。なお犯人の顔ははっきりと映っている。その後に、一方のグループの参加者には、ビデオに登場する人の顔を詳細に5分間言語的に記述するように求めた。もう一方のグループにはそうしたことをさせずにまったく別のことをさせた。その後に犯人の顔写真を含んだ何人もの顔写真を見せ、その中のどれがビデオに登場した人物かを尋ねた。

さてどう考えても一所懸命犯人の姿を思い出しながら文章で記述していたグループの成績の方がよいと思うだろう。片方のグループは、5分間その男の特徴を一所懸命思い出し、文章化までしているのに対して、もう一方のグループは何もしていないわけだから、その差は歴然、と考えるだろう。しかし結果は逆になる。言語的に記述したグループの成績はもう一方のグループの成績よりも悪くなったのである。こうした現象は言語隠蔽効果と呼ばれている。

同じようなことはワインの味の記憶でも見られている。この実験は3タイプの参加者に対して行われた。1つは素人グループであり、1ヵ月にワインを飲むのが1回未満の、つまりほとんどワインを飲まない参加者たちから構成されている。2つ目はほどほど飲むグループで1ヵ月に1度以上ワインを飲む人たちからなっている。最後はエキスパートグループで、ソムリエなどの職業についていた、あるいはワイン講座に何度も通ったことのある人たちからなっていた。

実験では事前に飲むワインとその後のテストの時に用いられる3種類、合わせて4種類のワインが使われた。これらは微妙に違う（たとえば年代とか）というようなものではなく、ワイン好きの人ならば間違えることがあり得ないような組み合わせである（たとえば、ターゲットがカベルネ・ソヴィニヨンで、あとはボジョレー2種類とハンガリーのワインという組み合わせとか、ターゲットがシラーで、それにメルロー、ピノ・ノワールを組み合わせるなど）。またターゲットとその他は産地もまったく異なっていた。

さて言語化するグループは、4分間で「ワインの味、香り、感触、または関連する性質のすべての要素を考慮して記述してください」と言われる。一方、言語化がないグループはクロスワードパズルを4分間解くことが求められた。その後、事前に飲んだワインを含めて4種類のワインが提示され、一つずつ試していく。もし確実に事前に飲んだワインだと思えば7、絶対に違うと思えば1、当てずっぽうならば4というような目安で確信度を自己申告してもらう。どのくらい正確にできたかは、事前に飲んだワインの確信度から、残りの3つのワインの確信度の平均を引いたものとした。だから完璧ならば6になる。もしマイナスになればそれは違うワインを選んだことになる。

結果は先ほどのものよりもやや複雑だ。言語化はほとんど飲まない素人グループの成績は向上させた（言語化なしだと0、行うと1・5程度）。またエキスパートたちの成績を向上させることはなかった（残念ながらどちらも3程度である）。そしてもっとも驚くのは、ほどほど飲むグループの成績を相当に悪化させたという結果だ。言語化なしだと2点程度となるが、言語化を行うとほぼ0点になる。これも相当に奇妙な結果ではないだろうか。ほどほど飲むような人たちが4分間もかけて飲んだワインを区別するための作業を行っているのに、その間クロスワードをやっていた人たちよりも区別ができなくなるのである。

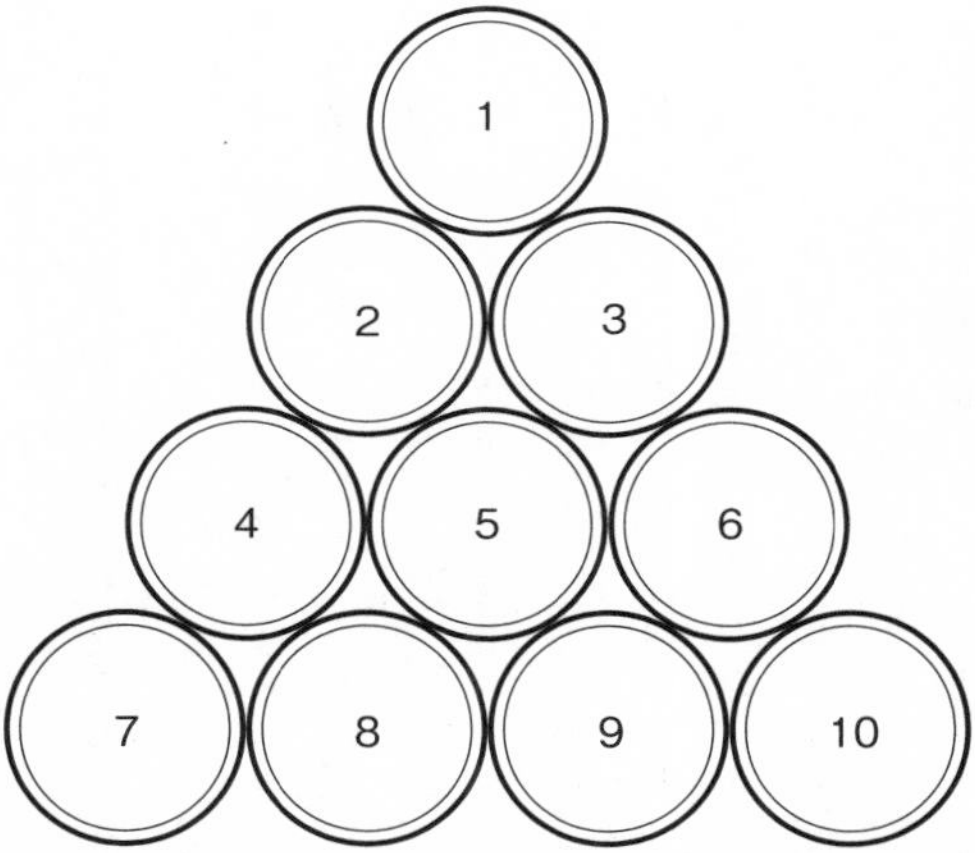

図6・3　10コイン問題：コイン3つだけを動かして上下逆さまの向きの三角形を作る。実際には数字は書かれていない。

6.3 言語は思考を停滞させる

言語は記憶を劣化させるだけではない。ある種の思考をも阻害することがある。7章で詳しく取り上げるが、心理学の思考研究の中で洞察問題解決と呼ばれるものがある。これは発想の転換を伴う課題で、人間の創造性を検討する研究者たちがよく用いてきた課題である。なかなか解けないのだが、ある時に突然解がひらめくというものが多い。2つほど例を挙げてみよう。一つは図形系のもので10コイン問題と呼ばれたりする。この問題では、図6・3のように並べられているコインの中の3つのコインだけを動かして、逆向きの三角形になるように並べ替えることが求められる（答えは章末に記した)。

もう一つ言語的な問題として次の睡蓮問題を挙げておく。

ある池に睡蓮が一つだけ咲いています。この睡蓮は毎日2倍ずつに増えていき、60日目には池のすべてを覆い尽くしました。さて睡蓮がこの池のちょうど半分を覆ったのは何日目でしょうか。

さてこのタイプの問題に言語化はネガティブな影響を与えることが知られている。ある実験ではこれらの2つの問題を含む7題の問題の解決を参加者たちに求めた。言語化グループは、2分経過後に1分半ほどの時間が与えられ、それまでにこの問題について思ったこと、考えたことを書き出すように求められた。言語化をしないグループは、その間クロスワードパズルを行っていた。1分半経過後どちらのグループも問題の解決を再開するように伝えられ、さらに4分間問題解決に取り組んだ。これが終わると次の問題に進むということを繰り返した。

結果は言語化グループは1/3程度の正答率であったのに対して、言語化をしないグループは50パーセント弱の正答率となった。この実験は同様の条件で4つほど行われているが、どれも似たような結果になっている。つまり言語化して自分のやっていることを振り返るという、学校などでは推奨される、反省を行うことが結果を悪くするのである。

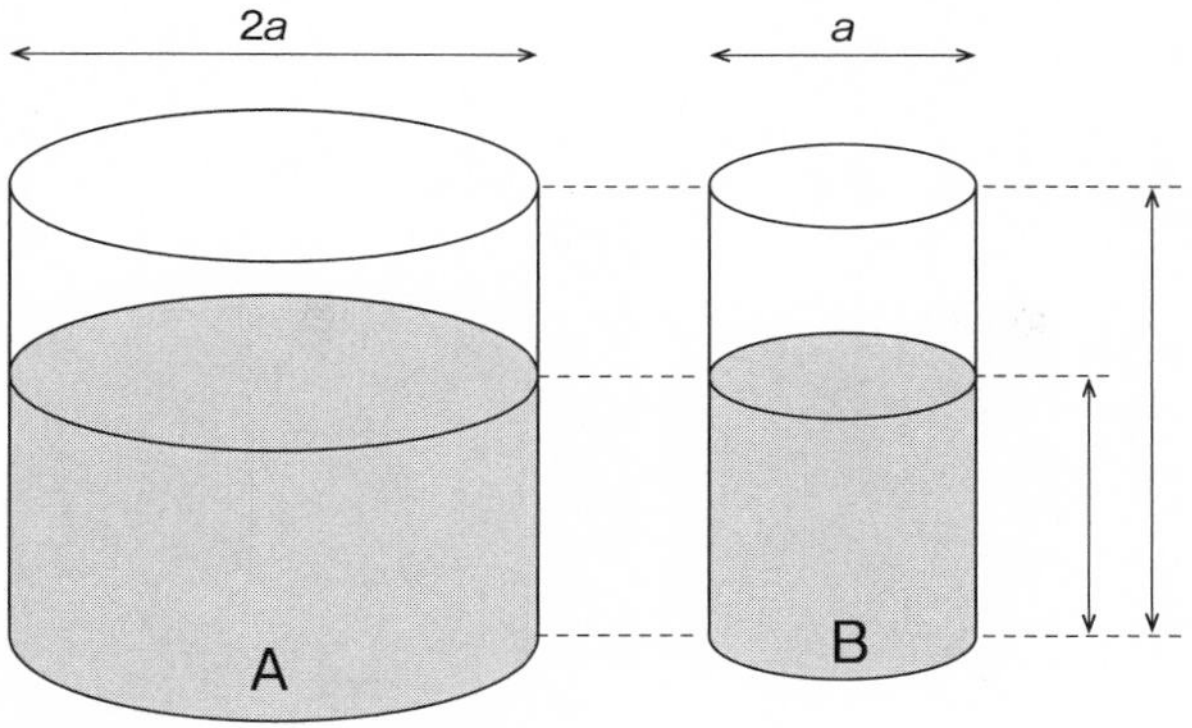

図6・4・a　円柱のグラスの問題

さらに、もう一つ考えてみる。目の前に円柱の形のグラスが2つある（図6・4）。2つは高さは同じだが、幅（直径）が異なり、AのグラスがBのグラスの2倍になっている。この2つのグラスに同じ高さになるまで水を入れる。そして片方の手でA、もう片方の手でBを持ち、同じペースでグラスを傾けていく。水がこぼれだすのは同時だろうか、それとも異なるだろうか。そしてもし異なるとすれば、どちらのグラスの水が先にこぼれだすだろうか。

実は大きいグラスの方から先に水がこぼれ出す。しかしある実験によると、こうした正しい判断ができるのは4パーセントに過ぎない。残りの約2／3は同時、1／3は小さい方と答えてしまう。コップの形状によっても異なるのだが、もっとも高い正答率でも50パーセントを超えることはない。

さて同じコップを使って別の形で実験を行ってみ

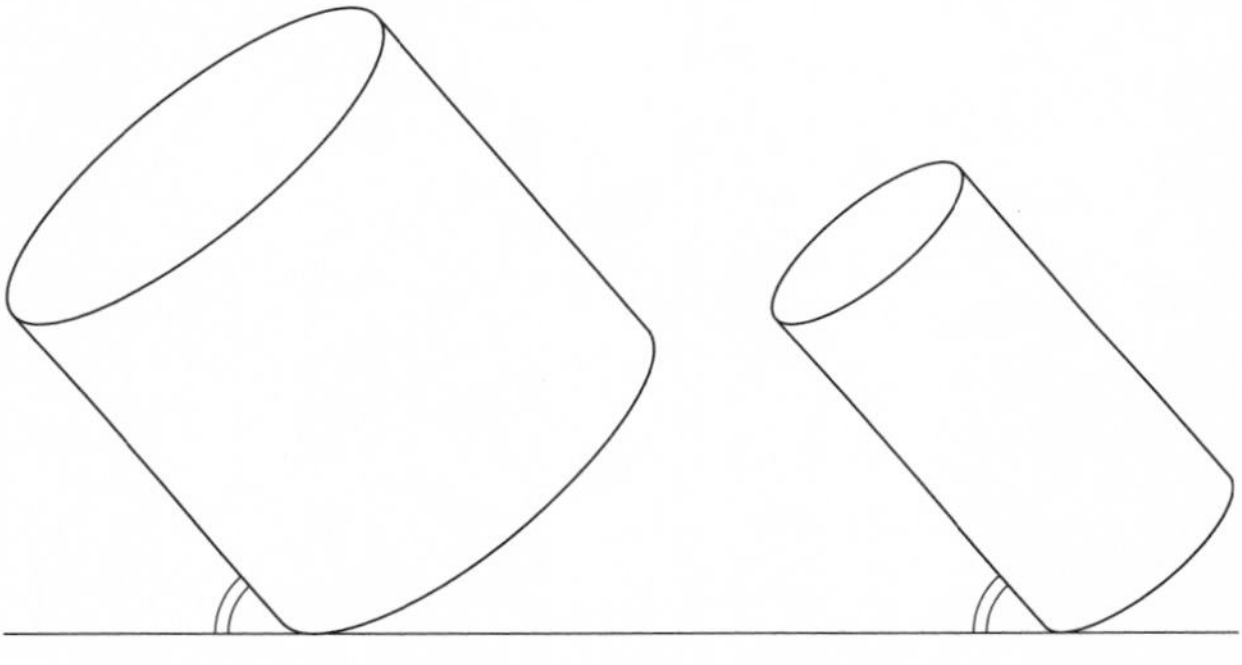

図6・4・b　前ページの図の円柱を、それぞれ同角度傾けると……。

る。参加者は目隠しをしてグラスを持つ。そしてこぼれだす直前と思うまでコップを傾け、その位置で止める。そして実験者はその時に、グラスの角度を何度傾けたかを測定する。するとほとんどの場合、大きいグラスの傾け具合は小さいものよりも少なくなる。つまり、大きいグラスの方が先にこぼれ出すことがわかっているのである。

これを聞くと、水の移動に伴うモーメントとかを感知したからではないかと考える人もいるかもしれない。しかしその可能性はない。なぜならグラスの中に水は入っていないからである。参加者は目隠しをする前に、グラスにテープが貼ってあるのを見せられ、この位置まで水が入っていると思って課題に取り組んでください、と告げられるだけなのだ。

つまり頭ではわかっていないが、体は答えを知っているのである。言語的な判断を行った後に説明を求めると、「大きいグラスは空きスペースもたくさんあるから、多少傾けてもまだ水はこぼれない。でも小さいグラスは空きスペースが少ししかないから、ちょっと傾けただけでこぼれてしまう」などというものが返ってくる。よくできた説明であり、一瞬納得しそうになるが、これはやはり間違いなのだ。だから体を動かせばわかるのに、言葉でそれをやろうとするから失敗するのだ。

ただし、頭の中で考える条件と実際に手を動かす条件が、正確に言語の利用の有無と関わっているかは不明だ。確かに、実際に手を動かす時にも言語は絡んでいるだろう。しかし、前者ではより言語的な思考を働かせるのではないだろうか。だからもう少しマイルドな言い方をすれば、身体を使うことで頭の働きがより優れたものになる、となるのかもしれない。

6.4 言語は絵を下手にする

言語が働くとまずくなるものは他にもある。それは絵だ。図6・5の絵を見ていただきたい。これは私が行っている講義の中で描いてもらったものである。だから描いた人は幼稚園児ではなく、大学生である。何が描いてあるだろうか。実は「ウマ」である。むろん、「面白いウマを描いてください」とか「変なウマを描いてください」と言ったわけではない。「できるだけ写実的に、真面目に描いてください」と告げている。

図6・5　何を描いたのだろうか、誰が描いたのだろうか

図6・6にある、もう一つの絵を見ていただきたい。これはナディアという名前の重度の自閉症の子供が6歳の時に描いた、（説明の必要はないと思うが）ウマの絵である。彼女はこの時期は障害のせいで運動機能に問題があり、何より人とコミュニケーションを取ることができなかった。だから絵を描くための教育を受けたことはまったくない。しかしながら、この絵はまず誰が見てもウマに見える。それだけではなく、写実的であるし、躍動感がある。前の大学生の絵が全部横から固定したポジションのウマを描いているのと対照的である。むろんナディアは馬を見ながら描いたわけではない。

こうした違いは何に基づくのだろうか。私が大変に尊敬している人の中にニコラス・ハンフリーというイギリスの学者がいる。彼はその代表作の一つである『喪失と獲得』（垂水雄二（訳）紀伊國屋書店）の中で、言語の有無が絵の上手下手に関わっていることを指摘した。自閉症児が苦手なことは数多くあるのだが、その中でも言語発達の遅れはとても顕著である。ナディアもこの絵を描いた当時は他者とのコミュニケーションを取ることは不可能であったという。そしてさまざまな訓練の結果、徐々にコミュニケーションが取れるようになると、彼女の絵の質はそれに反比例して落ちていったという。

またハンフリーは1万5千年前から3万年くらい前にクロマニヨン人たちによって描かれた壁画も取り上げている。この一部はナディアが描く絵と驚くほど似ており、遠近感、躍動性を強く感じさせるものとなっている。彼らがどのような言語を話していたかはよくわからないの

図6・6　自閉症の6歳児の描いたウマの絵
Selfe, L. (2011). Nadia revisited: A longitudinal study of an autistic savant. New York: Psychology Press.

だが、現代人のように複雑な言語を操っていたわけではないだろう。ハンフリーは、こうした言語能力の低さが彼らの優れた絵を支えていると述べている。

こうした能力の背後には、写真的記憶というものが関係している可能性がある。これはまるで頭の中にカメラがあり、ある場面を写真をとるかのように記憶する能力である。ただこの記憶能力は、幼児期には比較的顕著だが、小学生あたりになると稀にしか見られなくなると言われている。ナディアもクロマニヨン人たちも、こうした能力を持っており、自分が見たことを写真のように記憶し、それを頭の中で再現し、それに基づいて描くことができたのではないだろうか。

こうした能力がチンパンジーに存在していることが、川合伸幸と松沢哲郎によって明らかにされている。この実験によって、訓練を受けたチンパンジーは、ディスプレイ上のランダムな位置に一瞬だけ同時に提示された9つの数字を正確に記憶できることが明らかにされた。動画サイトなどで「人間より賢いチンパンジー」などと検索するとこの動画を見ることができる。一瞬だけ提示された9つの数字の位置を、まったく躊躇することなく小さい順にタッチしていく彼らの姿に誰でも唖然とするだろう。そして動画の後半にある、同じ課題を行う大学生たちの姿も見てほしい。あまりの拙さにこれまた愕然とさせられる。

これらのさまざまな例が示すことで、この章にとってだいじなことは、そうした能力は言語の発達とともに表に出ることが少なくなるということだ。言語能力が十分でない（あるいはほとんどない）、ナディア、クロマニヨン人、チンパンジーは写真的記憶能力をフルに活用して絵を描いたり、難しい記憶課題を楽々とこなしていく。一方、言語能力に長けた大学生たちは「物体X」としか言いようがない、笑うしかない絵を描き、チンパンジーが楽々こなす記憶課題で四苦八苦する。

前の段落で「表に出ることが少なくなる」と書いたのには理由がある。これは発達や進化に伴って、そうした能力がなくなる、あるいは退化することを意味するのではなく、あくまで出番が少なくなる、ということを意味するからだ。どんなに言語が発達した人でも、人の顔や声は言語的に分析したりはしないし、そうしたことをしなくても上手に人の顔や声を認識できる。また、絵の下手な人の言語活動に関わる脳部位を刺激して、その働きを弱めると、上手なスケッチが描けるようになる、という研究すらある。だからそれらは消えたり、薄れたりすることはないといえる。

6.5 言語の苦手科目

いろいろと言語がネガティブに働く話を続けてきた。むろん最初に述べたように言語化が有効な側面もある。ここではまず言語とはどのような働きを持つものかについて考えてみたい。そし

図6・7　ある街の風景。これを言葉で表してみよう。

て、その特性と認知課題との関係を考えてみることにする。

図6・7を見てみよう。では次にこの光景を言葉で表してみよう。ものすごく簡単に言えば「誰かが建物を指差している」となるだろう。しかしこれだけではとてもこの光景を表現したとは言えない。詳しく述べようとすると、4階建てとか、黒い手袋とか、1階が白い、窓が全部で何個などなど、膨大な情報を記述しなければならない。

ここからわかることは、言葉というものは光景を分解するということである。別の言い方をすれば、分解しない限り言葉で表すことはできないのである。つまり言語はまず伝えたい事柄(この場合は光景)を分解、分析せねばならないのだ。そして分解したものを単語で表すことが必要になる。

だとすると、分解ができないもの、しづらいものを言語で表現することはとても困難となる。たとえば、海岸から見た海の光景、雲の様子などは素人には表現不可能だと思う。また仮に分解できたとしても、それがあまりに多数のものからなっている場合も言語では表現不可能だ。高層ビルから見た街並み、満員の野球場の様子なども、ものすごく大雑把にしか言語で表すことはできない。

さらに、分解だけでは単なる羅列に過ぎない。分解、分析したものを再度つなぎ合わせなければならない。図6・7でいえば、窓が整列しているとか、左隣は3階建てとか、1階の手前に黒い箱状のものが2つ並んであるなど、位置関係をも記述しなければ、この光景を再現することはできない。このように、分解したものを位置関係を表す言葉で修飾し、結びつけながら全体を復元しなければならない。

これは相当に厄介な話である。見れば簡単に全体のすべてがわかることを、このような複雑な処理を行いながら言語化しなければならないのだ。図6・7の写真のように人工物の場合はまだ簡単だ。しかし人の顔のようなものはさらに厄介だ。ある人物の顔は何度か見れば覚えてしまう。特に努力はいらない。しかしこれを言葉で伝えるとなるとほぼ不可能に近いのではないだろうか。「眼が2つ、その下に鼻が1つ、さらにその下に口が1つ」などでは、へのへのもへじ程度の顔しかイメージできない。人の顔は眼と他のパーツとの間の関係性がとてもだいじであるが、この関係性、離れ具合などはミリ単位のものである。こうしたことを言語で表現することはとても難しい。

つまり言語がうまく働くのは、単語で表せるような分離可能な少数の対象があり、かつそれらの間の関係性、布置《ふち》などが単純な時、あるいは問題にならない時なのだ。言語的思考が優先する大学生のウマの絵があれほど下手な原因はここにある。ウマというものもむろん分離可能な対象からなっているのだが、その関係性、布置が言葉ではうまく表現できない。右眼と左眼がどの程度離れているか、脚の長さは胴のサイズに比べてどれほどかなどは測定して数字に残さない限り言語的認識の対象とはならない。こうしたことが記憶やそれに基づく描画の困難さの（一つの）原因なのだ。

これを考えればワインの味の記憶が言語化によってなぜダメになるかも容易に理解できるだろう。味は素人には分解できない。せいぜい甘い、辛い程度の区別しかなく、かつそれにつける副詞も「すごく」「ちょっと」「全然」など数種類しかない。こうした貧弱なもので、ワインの種類を区別することはほぼ不可能だろう。だいたい味覚は何によって構成されているのかもよくわからない。だから目隠しした人にプリンに醤油をかけたものを食べさせると、ウニの味になるという。またＶＲを使った実験ではただのクッキーに黒い色を投射し、チョコレートの香りを嗅がせると、ただのクッキーがチョコレート味のクッキーになったりする。

洞察問題解決のようなものに言語が干渉することも、言語の持つ分解、分析機能に関係している可能性がある。洞察、特に図形系のものは、現在の配置状況と目標となるものの形の一致を求めることがとてもだいじになる。しかし言語を用いて分析モードでこれらの問題に挑むと、どうしてもパーツに気を取られ、「さっき右にして間違えたから、今度は左」とか、「さっきはaとbのパーツでうまくいかなかったから、今度はaとcのパーツでやってみる」などのようになる。こうすると全体形状についての注意が薄れてしまう。これが図形系のパズルに言語が干渉する理由の一つと考えられる（これについては7章でもう少し解説する）。

詩的言語にはここまで述べてきたことは当てはまらないことが多いだろう。隠喩や換喩、アイロニー、アレゴリーなどを用いて、全体を一挙に提示させる素敵な働きがあるからだ。ただ残念ながら、そういうことをすぐにできる人たちはさほど多くはない。

6.6　世界と言語

言語にはもう一つ難しい問題がある。次のような文を例にとってみよう。

「私は鈴木が書いた論文を読んでいない」

この文はむろん理解できると思う。つまり発話者は鈴木という人間が書いた論文を読んでいない、という意味である。しかしこの文は状況によって、以下のようなさまざまな付加的な意味を持つ多義的な文である。

・（私でなく）田中が鈴木が書いた論文を読んでいる。
・私は（鈴木でなく）佐藤が書いた論文を読んでいる。
・私は鈴木が（書いたのではなく）読んだ論文を読んでいる。
・私は鈴木が書いた（論文ではなく）エッセイを読んでいる。

つまり誰でもわかるように思える文であってもさまざまな言外の意味を含んでおり、その意味をこの文の字面だけからは正確に知ることはできないのだ。

ここで「その意味」と述べたが、意味とは何を指すのだろうか。もう一つの例文から考えてみたい。これはジョン・ブランスフォードとその同僚たちが行った非常に有名な実験の中で用いたものだ。

手順はまったく簡単である。まずものをいくつかの山にまとめる。もちろん、量によっては一山でもよい。設備がその場にない場合は、次の段階としてどこか適当な場所に行くことになるが、そうでない場合は準備完了である。やりすぎないことが重要である。つまり、一度にあまり多くの量をこなすくらいなら、少なすぎる量をこなすほうがよいということである。短期的には、これは重要なことでもないように見えるかもしれないが、やっかいなことはすぐに起こる。これをミスると高くつくこともある。最初は手順全体が複雑なものに見えるだろう。しかし、すぐにそれは単なる生活の一側面にすぎなくなってしまうだろう。近い将来この仕事が必要でなくなるという見通しを立てることは難しい。誰にもわからないことである。手順が完了すると、またものをいくつかの山にまとめ上げ、それらを適切な場所に入れる。やがてそれらはもう一度使われ、このサイクル全体を繰り返さなければならなくなる。しかしこれは生活の一部なのである。（Bransford and Johnson, 1972、鈴木（1989）の訳）

この文は先ほどの文とは異なり、とても理解が難しいと思う。実際、この文を読ませた後に記憶のテストを行うと、かなり大雑把に採点しても5～7文程度しか思い出すことはできない（文全体は15文からなる）。

実はこの文章は「洗濯」についてのものなのである。そう思って読めば、すべての文が何の苦労もなく理解できる。実験においても、文章の先頭にこうしたタイトルが付けられた場合には、記憶成績は著しく向上する。

文の理解とは、単語の意味と文法で決まると考えている人が多い。私の高校時代の英語の先生は口を酸っぱくして何度もそう言っていた。しかしこの文章に出てくる単語や文法で難しいものはあっただろうか。そうではないだろう、おそらく中学生でも容易に理解できると思う。したがって、もし文の理解が単語と文法に尽きるとすれば、この文は何の問題もなく理解できるはずである。しかし難しい。

「私は鈴木が書いた論文を読んでいない」という文や「洗濯」の文章は、コトバ、文を理解するということが何かをはっきりと示している。話者はある状況を記述しようとして発話なり、文の生成を行っている。そして聞き手がやることは単語の意味の確定や文法の解析を通して、その状況を自らの頭の中で再現することなのである。文を聞いたり読んだりする中で、私たちはコトバを理解するだけでなく、コトバが語っている状況を理解しているのだ。このことを認知科学では状況モデル（situation model）の構築と呼んでいる。そしてできあがった状況モデルが話者の記述しようとしていた状況と合致した時に、その文が理解できたということになる。つまり文、文章、発話を理解するとは、その中のコトバを理解するのではなく、コトバによって語られた状況、世界を理解することなのである。

以上のことを考えると、学校、職場、社会で行われる教育がなぜうまくいかないことが多いのか、なぜ時間がかかるのかが理解できるのではないだろうか。話者、伝え手は特定の状況を伝えようとするが、言語の持つ抽象性、それがもたらす情報の貧困化が、状況の微細な、しかし重要な要素を捨象してしまう。その結果、聞き手はコトバとしてはそれが理解できたとしても、状況の再現ができない、あるいは異なる状況を再現してしまう。これによって学習が停滞するのである。

最近、国立情報学研究所の新井紀子らが中高生の読解力の欠如を指摘する本をいくつも出版している。その中で用いられた文章の一つは以下のようなものである。なおこれは実際の教科書から抜き出したものだそうだ。

アミラーゼという酵素は、グルコースがつながってできたデンプンを分解するが、同じグルコースからできていても、形が違うセルロースは分解できない。

右の文の主旨からして、次の文のカッコを埋めるのに適切なのは、a～dのどれか。

セルロースは（　）と形が違う

a）デンプン

b）アミラーゼ

c）グルコース

d）酵素

この問題の答えはいうまでもなくaであるが、中学生の正答率は1割、高校生でも3割程度という。こうした困難は、これを読んだ中高生たちがまったく状況モデルを作り出せていないことを示していると思う。なぜ作り出せないかといえば、各々の単語が指し示すものが頭の中でイメージできないからだろう。確かにこういう文を理解できないということにはがっかりするが、こうした文章を平気で載せる教科書会社にはそれ以上にがっかりさせられる。

6.7 武器としての言語、害につながる言語

本章では言語が認知を助けてくれる部分がある一方で、記憶や思考を妨害する場合があることを述べてきた。言いたいことは「言語なんかいらない」ではむろんない。言語が得意とすること

と苦手とすることがある、ということだ。言語は分解、分割が可能な対象に対しては強力な武器となる一方、分割できないもの、全体の形状に関わるようなことにはポジティブには働かないことが多いのだ。

大学などにいるせいか、言葉に過剰なほどの思い、むろん良い思いを持つ人たちとたくさん出会う。確かに素敵な部分もあるのだが、それがもたらす害も正しく把握する必要がある。車があるから移動が楽になる、インターネットがあるから情報がすぐに手に入る。その一方、車があるから自動車事故が起こる、インターネットがあるから個人情報を盗まれるのだ。片方だけ見ていてはしょうがない。

ブックガイド

①『生まれながらのサイボーグ：心・テクノロジー・知能の未来（現代哲学への招待 Great Works）』クラーク（２０１５）春秋社

②『喪失と獲得：進化心理学から見た心と体』ハンフリー（２００４）紀伊國屋書店

言語については、３章のところで挙げた今井、佐治の本が良いと思う。ただ本書の観点からすると❶と❷を強く薦める。❶はいわゆる言語を扱ったものではないが、言語という文化的ツールが私たちに何をもたらしたのかをポジティブな側面から論じている。❷は逆で本のタイトルにあるように、言語の「獲得」が、別の認知機能の「喪失」をもたらしたとするものである。私は本書だけでなく、自分の研究全体にこの2つの著書に強い刺激を受けている。

付録

10コイン問題の解答　7と10のコインを各々2と3の横につけ、1のコインを8と9の下につける。

睡蓮問題の解答　59日目。

第7章 創造(について)のバイアス

章のタイトルにカッコをつけるというのはあまり見たことがない。だからこの章名は多分掟破りだと思う（だからといって創造的なわけではない）。なぜつけたかといえば、創造を阻むさまざまなバイアスがある一方で、創造について誤った思い込みも同じくらいあるからだ。この章については創造を阻むバイアスについてはじめに述べた後、創造についてのおかしな思い込みについてイノベーションを題材に論じてみようと思う。

7.1 創造を阻む制約

創造は美しく、また尊ばれる。物理、化学、医学などで画期的な科学的な発見をした人たちは、ノーベル賞を授与され、世界中からの尊敬を集める。そこまででではなくても、国内でも文部科学省や、さまざまな学会が優れた発見、発明に対して表彰を行っている。

なぜ発見、発明、創造はかくも尊敬されるのだろうか。それはふつうにはなされない、つまりめったに起きないからである。なぜ起きないかといえば、大半の人はそういうことが苦手だからだ。人はふつうは型にはまった思考しかできないし、常識の枠を超えて考えたりすることもめったにない。これは科学者でもそうであり、大半の研究者はその学問分野ですでに取り上げられている問題をスタンダードな方法を用いて、少しばかり展開させるような研究を行っている。

こういう姿勢は、近年の文部科学省が研究費の恒常化をやめ、競争的資金へと変化させている中ではさらに強まっていると思う。なぜならこうした資金に関しては、すぐに結果を出すことが求められるからだ。私が関わったいくつかのプロジェクトなどでは、5年という短い期間の中で2年目あたりに中間審査（ステージゲートなどと呼ばれる）が行われ、その時点であまり成果が出ないと中止させられたり、大幅に資金をカットされたりもする。これでは本当に革新的な研究を行うことは難しい。だが行政の無能、横暴は今に始まったことではないし、それを糾弾するのが本章の目的ではないので、ここらへんでやめておくことにしよう。

人の創造的な能力についての研究は、心理学の中で決してメジャーな位置を占めてきたわけではないが、長い歴史を持つ。扱う問題は本当の科学的発見のようなものではなく、パズルのような問題が多いのだが、これらの研究はほとんどすべて前述のこと（文科省のことではなく）を証拠立てている。

6章で2つほど紹介したが、ここでは図7・1のTパズルと呼ばれるものをまず紹介しよう。これは私たちの研究グループが長年用いてきた問題なのだが、左の4つのピースを用いてTの形を作るというものだ。正解は図のキャプションに示した。このパズルは一見すると大変簡単に解決できるように思うが、15分以内で解決できる人はとても少なく、なんのヒントもない場合には10パーセント未満である。ちなみに私は40〜50分程度もかかった。

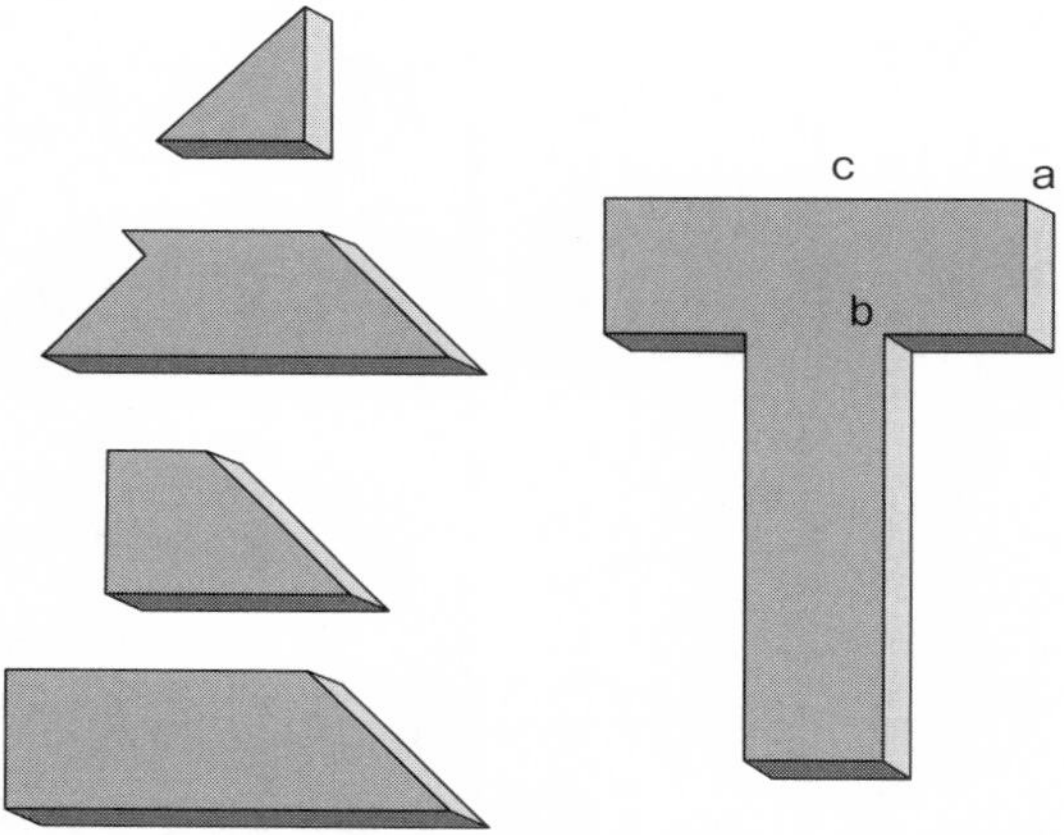

図7・1　左の4つのピースで右のTの形を作る。正解はaからbを通って直線をパズルの左辺まで延長し、その線と平行な線をcから引いてみるとわかる。

もう一つの問題は、ゲシュタルト心理学と呼ばれる心理学の学派が1世紀近く前に用いたロウソク問題と呼ばれるものである（図7・2）。左のものを用いて、壁の目の高さの位置にロウソクを立てることが求められる。これもとても難しい問題で、右に示したような配置をすぐにできる人はほとんどいない。

さてこれらの問題が難しくなるのは、問題の捉え方を間違えるからである。なぜ間違えるのかを考える前に「問題を捉える」とはいかなることかを考えてみよう。私たちは世界を捉える時に、対象と関係を考える。たとえば、テーブルの上にマグカップがある、という世界を考えてみる。ここで対象は、テーブルとマグカップになる。そしてそれらは「上にある」という関係で結びついている。Tパズルに関して言えば、対象は各ピース、およびその置き方であり、関係はピースの連結の仕方となる。ロウソク問題で言えば、対象はロウソク、マッチ棒、画鋲、箱であり、関係はそれらの対象の位置関係、接続関係などとなる。ただの知覚の場合ならばこれで終わりだが、問題を解くという文脈ではここにゴール（目標）も関係してくる。これはTの形であったり、目の前にロウソクが灯っているというイメージだったりする。

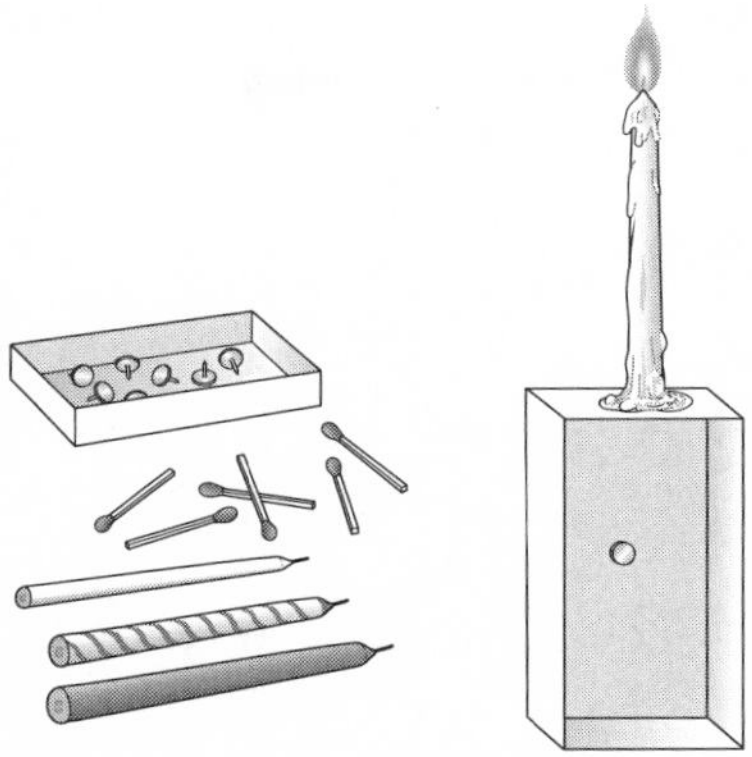

図7・2　左にあるものを用いて、壁の目の高さの位置にロウソクを灯す。正解は右の配置。

さて対象や関係はさまざまに考えることができる。Tパズルでいえば、各ピースをどう置くか、どのように結びつけるかについては無限の可能性が考えられる。ロウソク問題でも事態は同様である。しかし私たちはこのような無限の可能性を一つずつ考慮したりはしない。特定の置き方、関係づけ方をもっぱら選択する。Tパズルでいえば、各ピースは安定した形に置くし、接続については接続後の形がきれいな、デコボコのない形になるように置く。こうした人間の自然な傾向性を制約（各々対象制約、関係制約）と呼ぶ。つまり制約は「常識的な」ものの捉え方に対応している。

制約はふつうは認知を効率的に行うことに寄与するが、洞察問題ではこの制約が障害となり、解決が妨げられる。ほとんどの人はTパズルの五角形ピースの長い2つの辺を基準線（たとえば机の端）に平行、あるいは垂直になるように置こうとする。またこのピースの凹んだ部分はきれいではないので、他のピースを用いてなんとかここを埋めようとする（関係制約）。こうした制約が働くと、正解にたどり着くことはできない。五角形は斜め向きに置かねばならないし、そのくぼみの部分は他のピースを接続してはならないからである。ロウソク問題では箱の使い方、つまり箱を他の対象とどのように関係づけるかがポイントとなるが、「箱」と認識されてしまうと、他の対象との結びつき方は「中に何かを入れる」というものになりがちである。こうなると正解にはたどり着けない。

7.2 制約を緩和する多様性

制約があるとすればそれが除去されれば創造、洞察が可能になる。実際、ヒントによって制約を除去してしまえば、図7・1のパズルは簡単に解決できる（五角形を斜めに置けとか、くぼみを埋めてはならないなど）。ただ、それは答えを知っている人がいるからできる話だ。だからそうしたことは現実世界では期待できない。自発的に創造、洞察を生み出すためには何が必要なのだろうか。

一つは多様性である。私たちのこれまでの研究からわかったことは、多様な思考をする人は解決に至りやすい。ピースの置き方、繋げ方のバラエティーを見てみると、解決できる人はさまざまな可能性を試している一方、できない人たちはいくつかの特定のパターンの試行を繰り返す傾向がある。

私の研究室の大学院生の横山拓は、Tパズルよりも2つピースの多いFパズルというものを用いた研究を行った。Tパズルも、Fパズルも面白いのは、作れる形がTやFだけでなく1ダースくらいあるということ、またそれらはすべて即座に解けるものではなく、ある種の発想の転換、つまり洞察が必要という点にある。彼は一人の実験参加者にFパズルで作れる10通りの形を毎日3〜4題ずつ解かせてみた。各々作る形は違うし、発想の仕方も異なるのだが、試行を重ねるにつれて、この参加者の解決時間は劇的に短くなった。これと呼応するかのように、試行の多様性が増していくようになった。初めの2〜3個目の課題では同じような間違いが何度も現れ、新しいタイプの試行は全体の40パーセント程度だった。しかし最後の2〜3個目の課題では、同じ間違いが減り、80パーセント程度が新規なタイプの試行となり、バラエティーに富んだ解決法が試みられるようになった。

こうした知見はパズルの解決という、現実とは異なる実験的な文脈で行われたものである。しかし多様性が重要であることは、より現実的な場面でも見られる。ケヴィン・ダンバーという認知科学者は、世界的に著名な4つの分子生物学の研究室に1年間入り込み、そこで何がなされているかを詳細に分析した。彼はそこからいくつものだいじな知見を生み出しているが、重要なものの一つに分散推論（distributed reasoning）がある。科学的発見の栄誉に浴するのは研究室の代表者だけだったりするのだが、実際にはその人一人の力で発見が行われているわけではない。研究室は多くのグループメンバーからなり、定期的にミーティングを行って、実験データの解釈、仮説生成のためのディスカッションを繰り返す。これによって一人で行うのは難しいさまざまな認知的なタスク（仮説の限定、拡張、置換、棄却など）が、グループのメンバーに分散されることになる。こうしたことは多様性を増すための方策と考えることができるだろう。

同じようなことはiPS細胞でノーベル賞を受賞した山中伸弥教授の研究室でも生じている。徳澤佳美さん、海保英子さんらその分野の専門教育を受けてきた人たちに加えて、工学部出身で生物学のことは初心者であった高橋和利さん、また実験動物の管理が得意だった一阪朋子さんなどからなるチームが単に分業するのではなく、山中さんとのディスカッションを通した共同により、あの偉業が達成された。

創造的な課題ではないが、多様性の意義がはっきりとわかる逸話がある。これはフランシス・

ゴールトンという、ダーウィンのいとこでもある、大変に有名な生物統計学者が報告している。彼は20世紀初頭にイングランドで行われたオス牛の重量当てコンテストで800人の参加者の推定した値を計算した。すると、この平均値はなんと実際の牛の重量（約530キログラム）と5００グラム程度しか違わなかったのである。むろん専門家のような人も参加していたが、一般の人も多かったという。同様の話はジェリービーンズが850個程度入った容器を見せ、50名程度のクラスの学生にこの個数を当てさせるというものがある。するとクラスの平均は871個と実際の値にかなり近いものになった。さらに驚くべきは、これよりも正確な（つまり誤差が21個未満）推定をした学生は、たったの一人しかいなかったということである。

実はこれがうまくいくにはだいじなルールがある。それは、一定数以上の人が参加すること、参加者同士で相談したりしないこと、一人一人が勝手に考えることである。つまり多様性を確保することである。合議をしたり、妥協をしたりすると、このような結果は得られない。

ただ多様性が重要になる場面とそうでない場面があることは心に留めておいた方がよい。アメリカでの、1万7000の特許について、それが生み出した金銭的価値と、そのチームの多様性を検討した研究は、この点についてだいじなメッセージを伝えている。巨額の収入をもたらした特許は、多様性の高いチームによるものであった。しかしこうした多様なメンバーからなるチームの特許には取るに足らないようなものも数多く含まれていた。一方、均質なメンバーからなるチームはブレークスルーとなるような特許は生み出さなかったが、平均的な収入をもたらす特許を数多く生み出していた。特許の金銭的価値と創造性の度合いに強い関係があるかどうかはわからないが、多様性には使いどころがあるのである。

7.3 制約を緩和する評価

多様性はもちろんだいじなのだが、これだけだと勝手な意見、解釈、方策がただリストアップされるだけになってしまう。もう一つだいじなことがある。それはゴールを明確に意識し、現状とゴールとの差をしっかりと評価することだ。問題を解いているのだから、当然ゴールは明確に意識されているわけだが、現状がそれにどれだけ近づいているのかの評価は簡単ではない。Tパズルをうまく解ける人たちはパズルの見本（単にTが実物大で印字されている紙）との照合を頻繁に行うことがわかっている。またこの見本の上で解決をさせると、かなりの程度成績が向上する。これは自分のピースの配置がどの程度ゴールとマッチしているかを判断しやすくするためである。

先ほど紹介した横山の研究でもまた同じことが見出されている。最初の方の課題と比べて、最後の方の課題では見切りがよくなるのである。最初の課題あたりでは、Ｆパズルの６つのピースのうちの5つあるいはすべてを使い、その後に失敗とわかって、新しい試行を始める。しかし最後の方の課題では、3〜4個のピースをつなぎ合わせた時点で失敗と判断し、新たな試行を始めるのである。さらに興味深いのは、作り上げるべき図形の参照回数も徐々に増えていくことである。つまりゴールと現状との間のマッチ度合いを頻繁に判断し、評価を適切に行うような構えができていくのだ。

さて評価の重要性については、もう少し現実的な場面を取り上げた研究からのサポートがある。前節で取り上げたダンバーたちの研究では、分散推論においてゴールの共有がとても強く働いており、これがグループのパフォーマンスを維持、向上させるために重要であると述べている。また日本において画期的な発明、発見を行った研究グループのマネージャーにインタビュー調査を行った植田一博は、ある研究グループを率いたリーダーの興味深いインタビュー結果を報告している。

学際的な研究の場合、チームメンバーの構成には気を使う。プロジェクトの初期においては、学際性に対処し得る知識や経験の多様性が要求されるので、できるだけ多様な専門をもつメンバーでチームを構成するようにする。しかしいくら学際的な研究だと言っても、プロジェクトが進行するうちに、必ず核になる部分が見えてくる。その段階では、チームのメンバーは全員、その核になる部分の知識を吸収することが要求されるし、それができない研究者はチームから外されることになる。つまり、プロジェクトがある段階に達すると、チームには多様性よりも専門性が要求されることが多い(植田一博「現実の研究・開発における科学者の複雑な認知活動」岡田猛他(編著)『科学を考える：人工知能からカルチュラル・スタディーズまで14の視点』(北大路書房、1999)p.73)。

これはゴールや評価そのものについて語ったものではないが、それらの重要性を示唆している。つまり、ゴールが明確になった時点でその分野の知識を共有できないメンバーは、自らの試行の評価がうまくいかない、つまりゴールにどれだけ近づいているのか、遠ざかっているのかの評価がうまくできない。だからその分野の知識を備え、評価がうまくできるメンバーに絞って、目標の達成を目指すということなのだろう。

7.4 徐々にひらめく

よく世間では、創造は突然のひらめきによってもたらされる、と言われる。確かに、なぜかわからないが、今まで散々苦労していた問題が突然に解けてしまうという経験は誰にでもあるだろう。これはどの程度本当なのだろうか。

確かに意識的にはそうなのだが、実際は突然とは言えない、というのがその答えだ。Tパズルの研究で、私たちは実験参加者たちがどのようにピースを置いているかを制約の観点から分析した。制約に合致した置き方、制約を逸脱した置き方がどのように変化したかを見てみると、序盤から制約を逸脱した、ある程度見込みのある置き方もしているのだ。そして、後半になるに従って制約を逸脱した置き方が徐々に増えてくる。

パズルではない世界でも「徐々にひらめく」は起きている。別の本で書いたことなのだが、俵万智さんを一躍有名にした、あの

「この味がいいね」と君が言ったから七月六日はサラダ記念日

という短歌について考えてみたい。歌心のない、私のような無粋な人はこうした素敵な歌は、俵さんのような天才のひらめきによってパッと生み出されたかのように考えてしまう。ところが、この歌は最初

カレー味のからあげ君がおいしいと言った記念日六月七日

だったのだそうだ。誰が見てもサラダ記念日の方が素敵だと感じるだろう。彼女の本を読むと、カレー味に始まって7パターンくらい作ったそうだが、どれもピンとこない。そして思案の末「カレー味」が却下され、「しお味」を経て、「この味」になったそうだ。そこからからあげの必要もなくなり、「サラダ」が浮上したとのこと。そしてなぜサラダであり、なぜ六月七日ではなく七月六日かというと、サ行の持つ響き、爽快感からだそうだ。

つまり、短歌のようなものも、さまざまな試行錯誤によって、少しずつ改善されて作り出されているのだ。カレー味の唐揚げは実際にあったことなのかどうかわからないが、この制約が初めのうちは強く働き、その中での模索がなされる。しかし「カレー味」という制約（たぶん対象制約）を外すと、そこと結びついていた「からあげ」との関係制約も外れ、さまざまな可能性が開かれるようになる。そうしたことを繰り返し、徐々にひらめくのだ。天から何かが突然降ってくるわけではないのだ。

7.5 知らないうちにひらめく

ひらめき、洞察は英語では insight という用語で表されることが多い。in は心の中という意味で、sight は言うまでもなく「見る」「わかる」「気づく」ということを示している。精神病理学などの分野では、この単語は「病識」と訳されたりもする。つまり自分が病気であることがわかっているか否かを示す言葉だ。これらのことから、洞察は「わかった！」「そうなんだ！」という意識的な体験（アハ体験などと呼ばれたりもする）を指す言葉として用いられる。

確かに日常語的に考えると洞察と意識は切り離せないのだが、心理学的に、認知プロセス的にはどうなのだろうか。前節で、試行を重ねるにつれて筋のいい試行の割合が増えていく、つまり「徐々に気づく」という半直感的な洞察の性質を述べた。この過程で興味深いのは、解いている本人はそのことにほとんど気づいていないことだ。つまり「ダメだ、全然わからない（もうやめたい）」と意識レベルでは考えているのだが、実際には制約を逸脱した、筋のいい置き方（五角形の斜め置きとか、くぼみを埋めない繋げ方）が増えてくるのである。

同様のことは他の研究でも報告されている。名古屋大学の三輪和久らの研究室のチームは、4章でみた「2-4-6課題」とよく似た、2つの数字が提示され、3つ目の数字が何になるかを予測するとともに、どんな規則になっているかを報告するという課題を用いた研究を行っている。この課題では、参加者の予測後に3つ目の数字が現れ、予測、推定した規則が正しいか否かがわかるようになっている。最初は左に「1」真ん中に「3」がまず出て、参加者の答えの後に「4」が右に提示される。次は左「6」、真ん中「1」が提示され、最後に「7」が右に提示される。次は「0」「0」「0」となる。参加者はルールがわかったと思った時点でそのルールを実験者に報告する。こうした試行を通して、多くの人は初めの2つの和が答えになると考える。そして次は「2」「4」がまず出される、参加者の多くは「6」と答えるが、3つ目には「3」が表示される。このような試行が続けられる。

実は、3つの数字がたし算の関係になっているというのは偽のルールで、本当は3つ目の数字が3ずつ増えていくというのが正しいルールなのだ。つまりこれは、最初の何回かでわざと誤ったルールを参加者の中に生み出し、それをどのように乗り越えるか、つまり自ら作り出した制約をどうやって乗り越えるかを見る課題となっている。

この課題はほどほど難しく最後までできない人たちが多いのだが、正しいルールに気づく人たちも1／3程度はいる。三輪たちは、この両者の違いが何に基づくのかを、目の動きを測定する装置（アイトラッカーという）を用いて検討した。できない人たちは、失敗に気づいた後も横方向の目の動きが多い。一方できる人たちは、失敗が生じた後から徐々に縦方向の目の動きが多くなってくる。そしてそれが数課題続いた後に正しいルールを見つける。

この節の主旨からして面白いのは、縦方向の目の動きが増えてきても、それは意識的なレベルには届かないということだ。報告する仮説は依然として横の関係にとらわれたものになっているのだ。こうした状態がしばらく続くと、意識の上に縦方向の関係が上ってきて、正しいルールの発見に至るのである。

このことは5、6章で述べた意識と無意識の間の面白い関係を示している。私たちの中には無意識的に働く認知システムと、意識的に働く認知システムの2つが存在している。無意識的システムは試行を重ねながら、徐々に適切な方向に私たちを向かわせてくれている。一方、意識的なシステムの方は無意識システムの行ったことの結果のみに注意を向け、それを大雑把にしか評価しない（たとえば、「また全然ダメだ」「うまくいかない」等々）。そして無意識的システムが相当程度洗練された試行を行った時に、初めてそのことに気づき、「できた！」と叫ぶのだ。つまり無意識システムの生み出した結果を横取りしているわけだ。ひらめきが突然現れたかのように思うのは、意識的なシステムが無意識的システムによる漸進的な向上をうまくモニターできないからとも言える。

こうした結果の解釈は、ひらめきは学習、それも無意識的な学習だ、という反直感的な考え方を提示する。ひらめきは突発的なものであり、試行を積み重ねて徐々に上達するような学習とは無縁であると考えるかもしれないが、そうではない。無意識的システムが試行を重ねる、つまり学習を行うにつれ徐々に洗練されていき、結果としてひらめきを生み出しているということになる。

7.6 失敗が見方の変化を促す

前節で、ひらめきは無意識的システムの学習によりもたらされると述べた。ではいったい、無意識的システムはどんな学習をしているのだろうか。ダメなやり方を使う確率を減らしている、それが答えだ。Tパズルの五角形ピースを基準線に平行、垂直に置くという制約の働きはとても強い。斜めに置くという試行はだいたい10回から20回に一度程度しか現れない。しかし何度も平行、垂直に置き、失敗を重ねるにつれて、これが7~8回に1回、そして最後の方は5~6回に1回程度まで増えていく。このことは裏返せば、平行、垂直に置く回数、割合が徐々に減少していくことを意味している。

同様のことは別のパズルを使った実験からも言える。図7・3はチェッカーボード問題と呼ばれる、とても難しいパズルである。対角にある2つのセルを取り去ったこのチェッカーボードを、セル2つ分をちょうど覆う板を用いて埋め尽くすことができるかを問う。もし埋め尽くせるならばそのやり方を示し、埋め尽くせないならばその理由を答えることが求められる。少し考えてみて欲しい。

さてこの答えは「埋め尽くせない」となる。なぜか、それは次のような理由からだ。最初に2

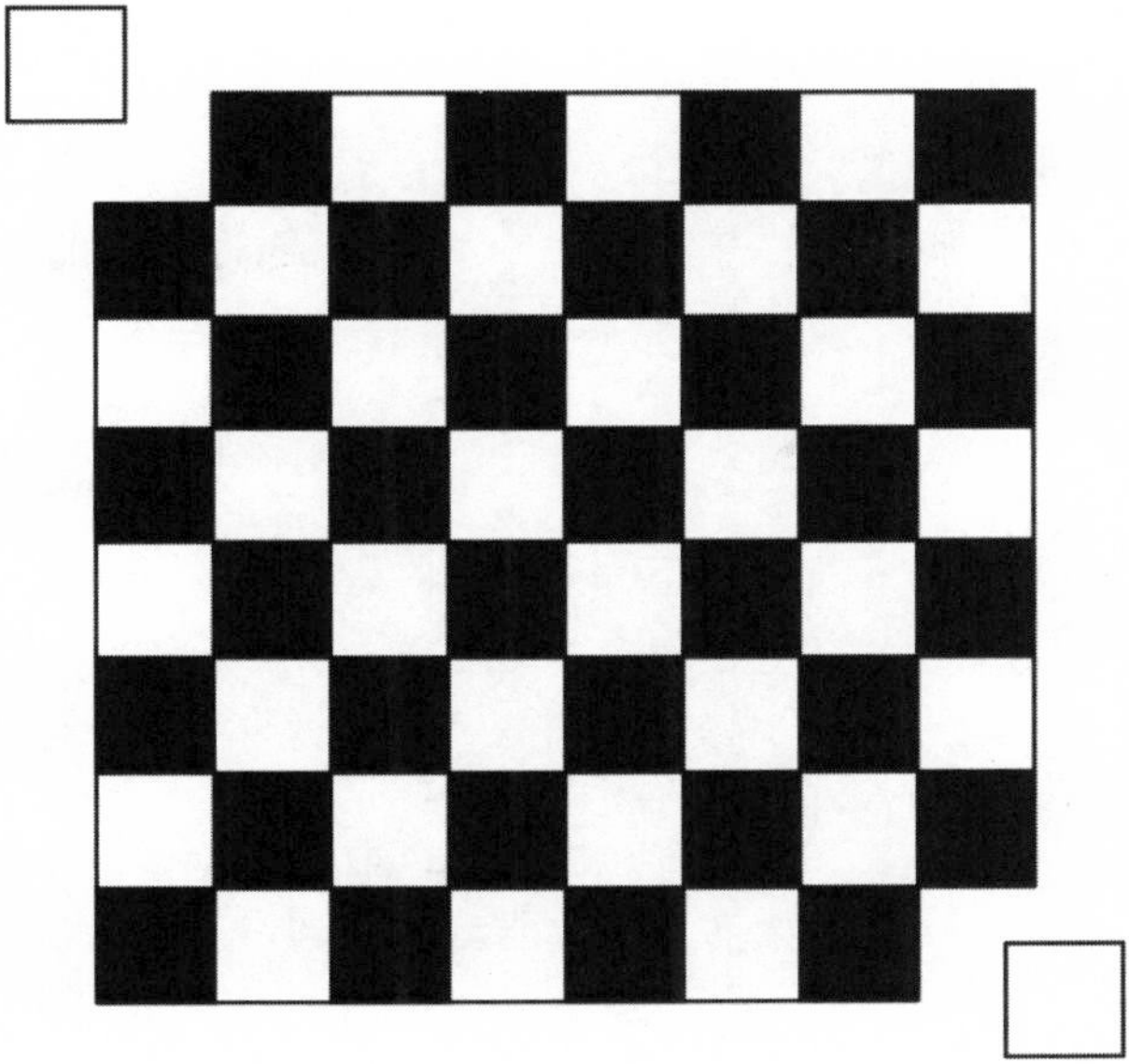

図7・3　チェッカーボード問題

つの白のセルを取り去ったので、現在白は30セル、黒は32セルとなった。板は必ず白と黒のセルをペアにするので、必ず黒が2つ余ってしまう。よって埋め尽くすことはできないとなる。

このパズルも非常に難しいことが知られている。少しやっただけで解ける人はいない。しかしその中でも解決できた人たちは、だいたい次のような道筋をたどる。この図を与えられて塗りつぶし始めたり、実際に板を与えられてさまざまな置き方を試す。しかしどのようにやっても必ず黒が2つ余ってしまうという失敗を繰り返す。

次になぜ2つ黒が余るのだろうかと考え始め、白と黒がもともと同数ではないことに思い至る。すると板が必ず白と黒を覆うことに気づき、不可能であることがわかるのだ。

ここでだいじなことは何度も試行を繰り返し、いつでも黒が余ってしまうという失敗を重ねていくことなのだ。こうした失敗が気づきへの第一歩となるのである。発明王と言われているエジソンの有名な言葉に、「私は失敗などしていない。1万通りのダメな方法を見つけただけだ」というのがある。エジソンは洞察・発見が失敗を通した学習であることに気づいていたのだ。

さて、付け足しになるが前節で述べたことを補強しておこうと思う。この実験ではこのパズルを解いているときに考えていることを発話させている（発話プロトコルという）。実験参加者たちの多くは、解決のかなり前に、板が白と黒を必ずペアにしていることを述べている。これは解決にとってきわめて重要な発言なのだが、そこからダイレクトに解決とはほとんどの場合ならない。ここでもまた前節で述べたことと同じことが起きている。私たちは突然ひらめきを得るのではなく、解決に近づいたり、しかしまた遠ざかったりを繰り返しながら、徐々にひらめきへと至っているのだ。

7.7 イノベーションを考える

10年以上前から、「イノベーション」という言葉が流行っている。元々は20世紀初頭に著名な経済学者であったヨーゼフ・シュンペーターが、現在用いているような意味で使い始めた言葉だという。斬新な、驚くような、劇的に役に立つようなものを生み出す、あるいはそれらを生み出すための方法を作り出すことを言う。必ずしも製品（プロダクト）だけでなく、プロダクトを生み出すための方法や、それを普及させるための方法なども含まれるようだ。そういう意味で本章の扱う創造とは密接な関係にある。

イノベーションはいつの時代でも必要とされるのだろうが、グローバル化、コモディティ化が進む現代の企業では特に強く求められるものとなっている。私の所属する大学の図書館で調べたものだが、「イノベーション」をタイトルに含む和書は１９７０年代、80年代は10年間に20冊程度出版されていたが、90年代に入ると倍増し、21世紀になると20年間で５００冊以上も出版されている。かく言う私の大学院の所属は「ヒューマン・イノベーション」というコースだったりもする。

そうすると、何とかイノベーションを行わねばならない、ということになる。するとそれの専門家が必要になってくる。アメリカなどでは大きな会社の経営は、経営の仕方自体の専門的な知識を得た人（つまりＭＢＡを取得した人）が実際に会社の主要業務を行っている人とは別に採用され、会社のトップになったりすることがある。イノベーションについてそういうことは可能なのだろうか。イノベーションマネージャーのような人が、実際に開発業務を行っている人を指揮するようなことになっていくのだろうか。また彼らのマネージメントを支えるイノベーション＝創造の法則はあるのだろうか。

正直言って無理なような気がする。それはこれまでに挙げたことから明らかではないだろうか。失敗を繰り返して制約が緩和されていない人が、創造の芽となる試みを（意識的にせよ、無意識的にせよ）正しく評価できる可能性は著しく低い。『イノベーションの神話』（オライリー・ジャパン）という大変に示唆に富む本を書いたスコット・バークンは、「すばらしいと思えるアイディアはすべて、無数の既存のアイディアからなっている」と述べている。その通りだと思う。無数の既存のアイディアを知らない人、その組み合わせ方を何度も試し失敗を続けたことのない人、こういう人にイノベーションを期待するのは難しい。

「ではお前が最初に述べた多様性と評価はどうなるんだ」と文句をつけられるかもしれない。しかし多様性と評価は創造のための「方法」「レシピ」ではない。場の持つ必要条件のいくつかに過ぎない。だから、それをやれば必ず創造につながるというものではない。また多様性や評価は、特定の分野の知識がなければ保証されることもない。その分野を知らなければ、アイディアAとアイディアBがどの程度異なるのか、どちらがゴールに近いのかは判断できないだろう。そもそも誰でも使えるイノベーションの方法なるものがあれば、それをみんなが使うから、得られるものはイノベーティブにはならないだろう。

もう一つ考えてみたいことがある。それはイノベーションは繰り返し起こせるのか、つまりイノベーティブな人や組織というものが存在するのか、ということだ。さて日本の企業は最近創造性を失っているという話だ。ソニーは以前はウォークマンの爆発的な売れ行きもそうだが、それ以前の録音・再生機器の業界でトップを走っていた。でも近年はそうしたイノベーティブな商品が開発されていないと言われる。しかし、絶えずイノベーティブな商品を開発し、成功を収めてきた企業はあるのだろうか。何年かに一度ずつイノベーションを起こしているなどというのは、イノベーションという言葉の意味を正しく理解して使っているとは言えない（あるいは創造ということに対する閾値が低すぎる）。

Wikipediaには「かつて存在した各国の企業」というものがある。この中で「かつて存在したアメリカ合衆国のコンピュータ企業」を見てみると、いかに多くの有名企業がなくなってしまったかがわかる。私のＰＣとの出会いは１９８０年代からだが、Sun Microsystems、ＤＥＣ、Compaq、Atariなどの当時の花形企業が、今やもう存在しない（いわゆる破産、倒産ではなく、買収などもあるから一概に失敗ということにはならないが）。Appleは違うだろうと言われるかもしれない。しかしAppleがある時期は倒産寸前にまで追い込まれたことを知る人は多いだろう。そして新しいコンピュータの開発の失敗、販売台数の見積もりの誤りなどから、伝説的な創業者のスティーブ・ジョブズ氏は会社を去ることになってしまう。

こうして見ると、長らくイノベーションの先端に立ち続けた企業はないように思われるが、人についてはどうだろう。イノベーションを起こし続けられる人はいるのだろうか。たとえば音楽家はどうだろう。天才モーツァルトは膨大な数の魅惑的な曲を作り出した天才といわれる。確かに彼の音楽は当時の常識を破りながらも、多くの人を魅惑し、それは現在まで続いている。その意味で彼の作曲はイノベーティブであったのだろう。しかし彼は途中でスタイルを激変させるようなことがあったのだろうか。つまり、まったくとは言わずとも、作風を相当に変えるようなことをしたのだろうか。おそらくしていないだろう。つまり彼のイノベーションは1回だけということなのだ。画家はどうだろうか。複数の異なる作風を自ら創造し、それが後世に残るものとなった例はあるのだろうか。たいていは一つの時代の中で主流であった作風から始まり、ほどほどの成功を収め、そしてある時に別の作風へと転じ、それがイノベーションとなっているのではないだろうか。むろん例外はあるだろうが、イノベーションを起こし続けられる人の数は恐ろしく少ないと思う。

こうやって考えると、絶えずイノベーションを繰り返すということは歴史上例がないし、数度のイノベーションですらとても稀ということになる。天才たちですらそうなのだ。ふつうの企業がイノベーションを起こし続けることは原理的に無理と考えるべきだろう。

実社会で本当に意味のある創造、洞察、イノベーションにはさらなる関門がある。それは社会の存在だ。創造は誰か、そして多くの誰かがそれを創造と認めてくれない限り創造とはならない。つまり単独の脳が生み出すものではなく、それを評価する社会との関わりによってのみ創造と認められるのである。早過ぎた天才たちというのは、そういう社会との出会いがなかったのである。創造的なプロダクトを必要とする社会、あるいはプロダクトが人々に創造を与える社会がなければ、どれだけ新奇なものであろうと、それは創造的とはならない。

こうしたことからすれば、創造はサーフィンと似ている。天才的なサーフィン技術を持っていたとしても、琵琶湖にしかいなければその人は誰にも認められない。一方、サーフィン初心者が、素晴らしい波に偶然出会えても単に大怪我をするだけだ。この熟練とチャンスの出会いが創造を生み出すのだ。

7.8 創造の女神が微笑むのは……

本章ではまず創造の認知プロセスについて考えた。創造的になるには心の制約を外す、緩和させることが必要であり、それは数多くの失敗によってもたらされる。そして失敗の過程での多様な試み、そしてその無意識的評価が重要であることを述べた。

次に、イノベーションについての思い込みについて考えてみた。イノベーションを起こすためのレシピレベルの方法、イノベーションを絶えず生み出せる個人の資質というものは存在しない、少なくとも存在する可能性は少ないことを歴史的にみてきた。その分野について豊富な知見を有し、数多くの失敗を重ねてきた人にしか、創造の女神は微笑んでくれない。私の好きな言葉に、偉大な細菌学者であったパスツールの残したものがある。彼の言葉でこの章をしめようと思う。

チャンスは準備された心に訪れる。

Chance favors the prepared mind.

ブックガイド

①『創造性はどこからくるか：潜在処理、外的資源、身体性から考える（越境する認知科学）』阿部慶賀（2019）共立出版

②『イノベーションの神話』バークン（2007）オライリー・ジャパン

③『「みんなの意見」は案外正しい』スロウィッキー（2009）角川文庫
④『集合知とは何か：ネット時代の「知」のゆくえ』西垣通（2013）中公新書
⑤『短歌をよむ』俵万智（1993）岩波新書
⑥『創造するエキスパートたち：アーティストと創作ビジョン』横地早和子（2020）共立出版

私はこの分野の研究をもうかれこれ25年近く行ってきたが、一般向けの良書が少ないことをいつも残念に思ってきた。自分で書こうと思ったら、昨年に❶が出版された。これは認知科学からの創造へのアプローチを大変的確、かつ包括的に扱った良書である。イノベーションについての7・7節で取り上げた書籍は❷である。これは科学的というわけではないが、創造についての誤解を一掃してくれる。多様性のところで取り上げた牛の重量、ジェリービーンズの話は、❸、❹を参考にさせてもらった。❺には俵さんの短歌の制作過程が書かれている。本書で引用した部分は、ネタバレになるのであまり言わないでほしい、とあったが、あまりに印象的だったので、引用してしまった。すみません、俵さん。❻では創作活動を続けるプロのアーティストの活動が丹念に分析されている。

第8章 共同に関わるバイアス

これまでにさまざまなバイアスを挙げてきた。知覚、記憶、概念、思考、意思決定、創造、どれをとってもバイアスまみれである。しかし、私たちには家族がいる、仲間がいる、組織がある、社会がある。そこの人たちと手をつないで協力すれば、バイアスは克服できるのではないか。

確かにそういう時もある。自分の間違いを仲間が教えてくれることはある。また三人寄れば文殊の知恵というように、一人では考えつかなかったことが、グループでの活動によって生み出されることもある。また知らないことを学校で先生という他者から教わったりもする。さらには次節で述べるようにグループは想像もしないような、すばらしいものを生み出すこともある。そうした次第だから、社会は認知の味方になると考えたくなる。前章でも述べたように世界から賞賛されるノーベル賞だって、文学賞を除けばほとんどがチームの力によるものであり、たった一人のアイディアということはまずない。

しかし他者が関与するから、社会があるから生み出される間違いもある。人の集団には個人にはない独特のバイアスが存在し、一人で考えればわかることが集団ではわからなくなることもあれば、個人ならば絶対にやらないような反社会的行動に人を駆り立てることもある。本章ではこうした人の間の共同に関わるバイアスを取り上げてみようと思う。

8-1 集合知をどう考えるか

社会を作るのは人間だけではない、生き物の一部は集団行動をとるし、社会性のある生き物も存在する。こうした生き物が見せる驚くような行動もある。シロアリたちが作る蟻塚は巨大な建造物であり、高さが4~5メートルくらいになるものもあるという。シロアリたちは5ミリメートル程度の大きさだから、身長の1000倍の建物を作るということになる。これは人間が高さ1・6キロメートルの建造物を作るのと同じことだ。ちなみに世界最高の高さのビルはドバイにあり、これは0・8キロメートル程度の高さしかない（2020年現在）。

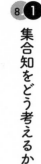

ただこれを作る仕組みに、人間が建物を設計する時のイメージを混入させてはならない。シロアリたちは設計図を書けないどころか、そういうものがあること自体を想像（？）できないからだ。

ではどのようにして作るのだろうか。まず素材は土、自らの排泄物である。これを口に含んで歩き回るわけだが、それを時々吐き出す。はじめはランダムだが、たまたま同じ場所に吐き出したりする。するとそこからの化学物質の濃度勾配が形成される。シロアリたちは濃度の高いところに集まり、吐き出すことを重ねていく。近傍の数ヵ所にこのような地点ができると、それらに集まり、口の中のものを一層そこに吐き出すようになる。こうしたことの繰り返しが、あの巨大な建造物を作り出す。だいじなことは、シロアリたちはどの一匹をとっても、「立派な蟻塚を作ろう」などとは思っていないということ、それからシロアリの集団の個体数が数万から数百万と異常なほど多いということだ。これらは意図を持たないが、シンプルなルールに沿って個体が活動することで、蟻塚という秩序が生み出されることを示している。

このように集団のメンバー（構成する要素）が、それ自体としては全体のパターンについて何のプランもなしに、ある秩序が生み出されることを「創発」と呼ぶ。ポイントは、相当な数のメンバー同士が一定以上の期間にわたって相互作用するということにある。相互作用とは、自分がある他のメンバーの状態に影響を与える一方、他のメンバーからの影響で自分の状態を変化させることである。相互作用は直接のやり取りだけでなく、前述の蟻塚のように他のメンバーが残した痕跡でもよい。

コンピュータサイエンスの中で注目を集めたものに、人工生命（Artificial Life, 略して ALife）と呼ばれるものがある。これは、蟻塚に見られたような創発の仕組みを探ることを目指している。この中の初期のものにライフゲームと呼ばれるものがある。このゲームでは、4つのルールに従って碁盤状に区切られたスクリーンの中の各マスが生か死かの2つの状態をとる。ルール自体は周りのセルの生死の状態に応じて次世代の自分の生死の状態が変わるという、とてもシンプルなものである。たとえば、「自分が死んでいても、上下左右斜めに8つあるマスのうち3つが生ならば、自分は次世代で生になる（誕生する）」「周りのマスの中に生のものが1つ以下ならば（過疎）、または周りのマスの4つ以上が生ならば（過密）、自分は死になる」などである（その一部は図8・1を参照）。こういう一見味気ないルールにしたがって各マスが点滅するだけなのだが、初期の配置のパターンによっては、驚くような秩序を持ったパターンが生み出される。たとえば、いくつかのパターンが周期的に繰り返されるとか、あるパターンを保ちながら画面の中を移動していくなどである。

創発は人間社会の中にも当然ある。別の本でも書いたのだが、私は東京の渋谷駅最寄りの大学に勤務している。渋谷といえばスクランブル交差点が有名だろう。青信号になった途端、かなり大勢の人たちが4ヵ所から3方向に、つまり12方向に向かう。しかし渋滞が生じたり、そこら中で衝突が起きることはなく、ほとんど何のトラブルもなしに皆が目的方向に歩いていく。何人もの外国人たちが珍しがって写真を撮っているが、きっと日本人の規律遵守精神みたいなものを面白がっているのだと思う。

仮にあるとして、そこで働く規律とはどんなものだろうか。そういう規律を明確にしようとすると、いろいろな可能性があることに気づき、絶望的になる。右から来る人、左から来る人、正面から来る人などの出会う相手の方向、さらにその角度、速度、幅、さらには怖そうな人、車椅

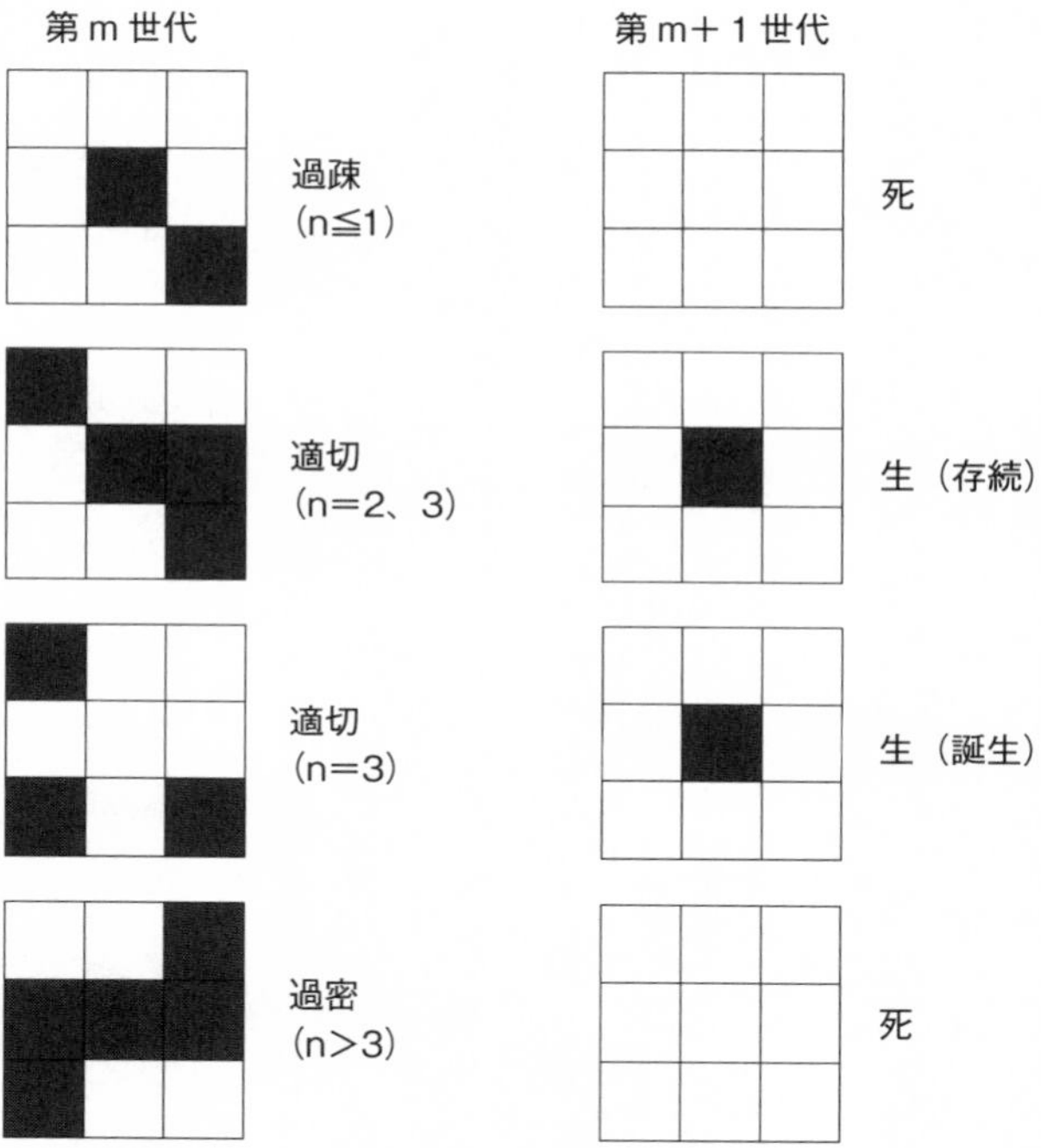

図８・１　ライフゲームの一部の規則：黒は「生」、白は「死」を表す。左がm世代、右が次の世代を表す。真ん中がターゲットのマスであり、nは周りのマスの「生」の数を表す。なおm+1世代で周りのマスは白くなっているが、これは無視して欲しい（この枠外のマスの状態がわからないから）。

子の人など、考え始めたら途方にくれるだろう。そしてだいじなことは、そんないろいろな場合を分けた規律など使っていないということだ。

ではなぜトラブルが起きないのだろうか。それは前の人について歩いているからなのだ。それをみんながやっている、それだけの話なのだ。これは簡単だ。ほとんど何も考えることなく実行できる。だから話しながら、音楽を聴きながら横断歩道を渡れるのだ。急に割り込む人がいた場合には、もう一つのルール＝「衝突回避」を使えば良い。そして、その人にぶつからないように少し体を動かし、また適当な前の人を見つけてその人についていけば良い。もちろん先頭に立った時は、こうはいかないので、もう少し慎重に歩かねばならない。ただ衝突回避のルールにより、誰もぶつかりたいとは思っていないので、多少譲ったりすることはあってもさほど問題ではない。前の人の後を歩く、人にぶつからないようにする、こうした簡単な規則だけでトラブルの少ない横断ができるのである。ライフゲームのように見事なパターンが現れるわけではないが、これも創発現象と言えるだろう。

8-2 同調〜右へならう心

このように人に従って行動することは悪いことではない。よくわからない時、大勢の人がやっているようにやればあまり無作法にはならないことが多いだろう。葬式でご焼香をする時、そのやり方がわからなくても、前の人の行動を観察して真似をすれば、それほどおかしなことにはならないケースが多い。

さて図8・2を見ていただきたい。あなたが行うことは、左のカードの線と同じ長さの線を右の中から選ぶというものである。今まで散々トリックのようなことを書いてきたので慎重になっている方もいらっしゃると思う。何を選んだだろうか。もしCを選んだとしたら正解だ。あまりに簡単すぎて馬鹿げている、なんのことだと思われるだろう。実は社会心理学の世界に大きな影響を与えたアッシュおよびその後ドイッチェらが行った実験は、まさにこの課題を用いているのである。実際、一人でやらせると正答率は99パーセントを超える。そのくらい簡単なものである。

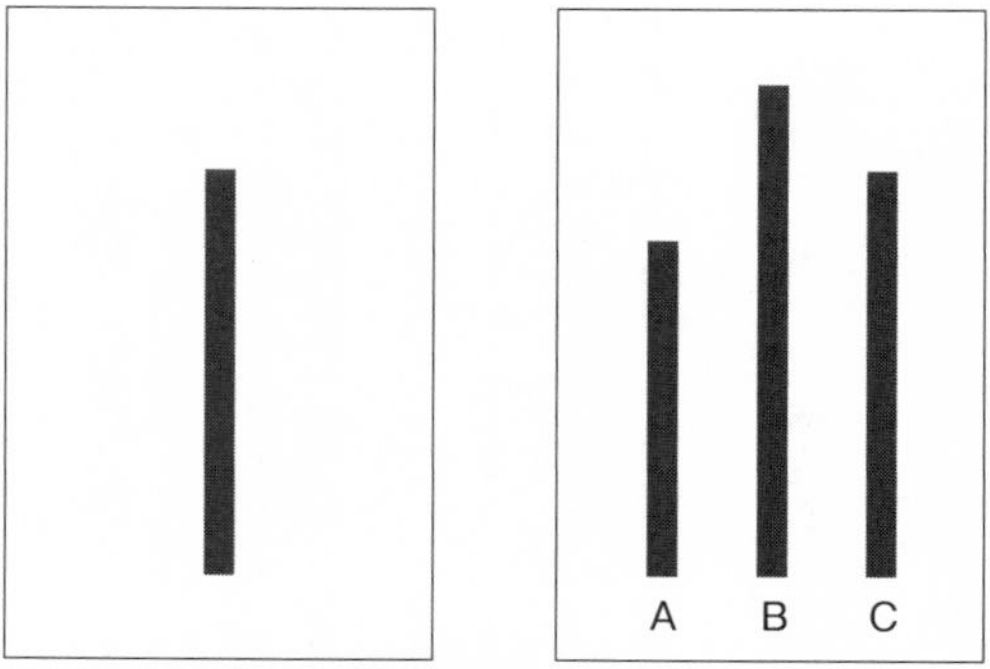

図8・2　アッシュの実験で用いられた刺激。左の線と同じ長さのものを右から選ぶ。

ところでこれを集団で行うとどうなるだろうか。彼らの実験では集団の規模は8人であったり、4人であったりするのだが、本当の実験参加者はその中の1名だけであり、残りはサクラである。そして本当の実験参加者は、サクラたち全員の解答を聞いた後、つまり一番最後に解答するようになっている。これを18回繰り返す。そしてサクラたちはそのうちの12回でわざと間違った解答を一致して出すのだ。

すると平均して3回程度間違いを犯すようになるのである。そしてその間違いは他のメンバーの解答と一致したものとなる。18回中3回ならば大したことはないと思われるかもしれないが、一人でやればほぼ100パーセントの正解率になるほど簡単な課題であることを思い出してほしい。さらに同じ実験をグループ同士の競争というコンテクストで行うと、間違いはその約2倍つまり6回にも及ぶのだ。参加者たちは、おかしいなCだろう、と考えても、結局みんなの意見に同調してしまうのである。そして、チーム一丸となって他のチームと競争するような場面では、同調はさらに増幅されてしまうのだ。

同調は必ずしも間違いを生み出すわけではない。また社会集団を作って生活する人間にとっては一定程度の同調は必要であると思う。ただ明らかにおかしいと思っても、そういう意見を無理やり押さえ込み、集団の意見に同調することは、誤った判断を加速してしまうことも忘れてはならない。加えて集団の中に共通の目標がある場合には、こうした傾向がさらに加速される。そしてそれはこのバイアスが、集団主義的と言われる日本人以外でも見られる（この実験の参加者は全員アメリカ人）ということも忘れてはならないだろう。実は、日本人は集団主義だということには、ほとんど科学的な根拠がないことが、高野陽太郎の一連の著作で徹底的に論じられていることを、付け加えておく。

8.3 共同を阻害する要因

ブレーンストーミングは、まさに共同によってより高い生産性、独自性を持つアイディアを創出するための方法として有名である。そのために（1）判断延期、（2）自由奔放、（3）質より量、（4）結合、改善、という4つのルールを守ることが求められる。

ではブレーンストーミングによって生産性、多様性が高まるのだろうか。実はそうではないことがわかっている。1980年代よりも前に行われたブレーンストーミングの有効性を検証する22の実験中でブレーンストーミングが有効であったという研究は一つもない。そして80パーセント以上の研究では、ブレーンストーミングがネガティブな影響を与えていることが確認された。

どうしてそのようなことが起こるのだろうか。これについてはさまざまな説があり、よくわかっていない部分も多いのだが列挙してみる（この部分については亀田達也『合議の知を求めて：グループの意思決定』（共立出版）を参考にさせていただいた）。

一つはブロッキングと呼ばれている。これは単純だ。同時に複数人が発言することはできないので、別の人が話している最中はそれを聞いていなければならない。そして相手のアイディアを理解しようとしているうちに自分のアイディアを忘れてしまったり、同じ意見かなと思い、発言をやめてしまったり、ということなどが起こる。つまり自分の発言が他者の発言によってブロックされてしまうわけである。

もう一つは評価不安である。みんなの前で自分のアイディアを報告した場合、当然他のメンバーがそれに対して評価を行う。むろんブレーンストーミングでは判断延期というルールがあるので、面と向かって評価を行うわけではないだろう。しかし口には出さなくても評価は行われるし、そのことは発言者だって知っている。だから「こんなことを言ったら馬鹿にされる」とか、「あの人はこの程度ね」と思われてしまうなどの不安、懸念が生じて、発言を控えてしまう。これが評価不安である。

最後の阻害要因はタダ乗りである。これは会議の時に内職をしている人、居眠りをしている人などを思い浮かべればよいと思う。「どうせ周りがきちんとやるだろうから」と考え、何もせず、最後に拍手だけするという人たちである。協力せずに結果だけ共有するわけである。こういう人は、フリーライダーとか、チーターー（むろん動物のチーターではなく、騙す（cheat）人という意味）と呼ばれている。

最後の阻害要因に関連することとして80：20の法則、二八の法則とか、パレートの法則と呼ばれるものがある。集団は全体の中のごく一部（2割程度）によって支えられているというものだ。アリの社会では2：6：2の法則として知られており、全体の2割がよく働き、餌の8割を集めてくるという（6割は少し働き、2割はほとんど働かない）。つまり全員が必死に働かなくても、集団は維持されるということである。また面白いのはよく働く2割を取り去ると、残りの一部がまた働き始め、また2：6：2の比になるという。タダ乗りしている人も、暗黙のうちにこの法則を知っており実践しているのかもしれない。

8.4 分散、分業がもたらすもの

ブレーンストーミングのように一つの目的にメンバー全員が共同するというタイプとは異なる共同も存在する。それは分業だ。これも会社や組織の経営、運営についての共同と考えることができる。一定以上の規模の組織ならば必ずこうした分業が行われる。分業や仕事の分散は仕事の効率を上げることに大きな貢献をもたらす。だからこれがいけないことだと言う気は毛頭ない。しかし、大きな問題を引き起こすこともある。

誰でも、困っている人がいたら助けようと思うだろう。犯罪被害にあっている人がいれば、自分では止めに入らなくても、助けを呼んだり、警察に通報などをすると思う（最近は写真に撮ってネット上に載せるらしいが）。こうした私たちの反応は集団になると消える、あるいは弱まったりする。

１９６０年代のニューヨークで、キティー・ジェノビーズという若い女性が強制性交の上殺害された。この時30人以上のその地域の住民が自宅の部屋からこれを目撃していたが、誰も通報することはなかった。この事件は最初は都会人の冷徹さが原因であるかのように報じられた（これは3章で見た心理学的本質主義の表れである）。

しかしこれは責任の分散という社会心理学ではよく知られた心の働きの表れなのである。実験室でもこのことは確かめられている。実験では、インターフォンでつながった各部屋に実験参加者1名ずつを配置する。その後、そのうちの１人（サクラ）が発作を起こしたような悲鳴をあげる。この時、実験参加者が1名の場合はほぼ全員が隣に行ったり、声をかけたりという援助的な行動を行う。しかし実験参加者が増えてくると、援助的な行動は減少し、６名いた場合には1／3の参加者はなんの行動も取らなかった。ここでは集団であることにより、責任の分散、つまり「誰かが助けるだろう」という心理が働いたのだ。

さてもう一段深みに入ろうと思う。誰でも人を殺害したいなどとは思わない。仮に思ったことがある人でも、実際に殺人を犯したりすることはまずない。では第二次世界大戦中にナチスが行ったホロコーストはどうして可能だったのだろうか。犠牲者はヨーロッパ全体で600万人、そしてアウシュビッツなどの強制収容所で300万人と言われている。どうして人はこうしたことができるのだろうか。ここでは小坂井敏晶『増補 責任という虚構』(ちくま学芸文庫)を参考にしながら、この問題を考えてみたい。

小坂井はこれが起きた理由の一つに、官僚制による作業分担がもたらす責任転嫁を挙げている。ナチスのホロコーストプログラムでは、一人のドイツ人、たとえばルドルフ・シュミット氏(架空)がユダヤ人の居所をリストアップし、それに基づきシュミット氏自身がユダヤ人を見つけて輸送用の列車に乗せ、捕虜収容所まで連れて行き、そこでガス室に閉じ込め、ガス噴射のボタンを押し、死体を片付けたりするわけではない。これらはすべて別の人が、当人の意思や欲求ではなく、各々の部署の上司の命令に従って行うのである。死体を片付ける人はとても嫌だろう。しかし彼はおそらく「俺が殺したのではない」と考えると思う。ガス室に連れて行く人も「連れて行くだけだ」と考えるだろう。ガス噴射を実行する人が行うのも、ユダヤ人に対する直接的な行為ではなく、単にボタンを押すという作業だ。

つまり多くの人が殺害に関係しているのだが、その一部を実行するに過ぎないのだ。こうした分業により、殺されるユダヤ人との接触もきわめて限定的になり、その人についての情報は最小限にとどまる。そしてそもそも自分の意思で行っているわけではない。これらの分業と上意下達の組織がもたらす複合作用によって心理的な負担が軽減され、罪悪感を感じることが少なくなるのだ。

それでもおかしいと思う人はペットのことを考えてみるとよい。ペットを飼った人ならば、ペットが死ねば悲しくなるし、命を奪えと言われたら絶対に拒否すると思う。私の家には金魚がたくさんいる。半分以上は個体識別もできないが、朝死んでいたりすると、半日くらいは憂鬱になる。家に来た友人に「見事な金魚なので1匹殺して魚拓をとりましょう」などと言われたら、そいつを即座に家から追い出す。

ペットについてのこうした気持ちはどこから生じるのだろうか。それはペットとの付き合いの時間、密度だと思う。そしてこれが長く、大きくなれば、その死が与える打撃は大きいものになるだろう。一方、きわめて限定された世話だけをしているとすれば、その悲しみはやや軽くなるように思う。金魚の死が私に与える悲しみが半日程度で終わるのは、餌をやるくらいの接触しかないからだと思う。また買ってきてすぐに死んでしまった金魚に対して、それほどの悲しみとか後悔は感じないのも、同じ理由だと思う。

つまり分業による接触の頻度、密度の低減、殺害の作業の分割、こうしたことがホロコーストという人類史上稀に見る規模の殺害を可能にしたのではないだろうか。

ホロコーストは、ドイツ人のメンタリティーが生み出したものだという考えも根強くあった

（これも3章で述べた心理学的本質主義の表れ）。しかしそうではないことが、スタンレー・ミルグラムという社会心理学の巨人が行った、大変に有名な実験（群）によって確証された。実験参加者は、ドイツ人ではなく、アメリカ人たちである。この実験では実験参加者はペアになり、先生役と生徒役に分かれる。ただし実際には生徒役はサクラであり、本当の実験参加者1名はいつでも先生役になる。これに加えて実験者という役目のこれまたサクラが白衣を着て実験が行われる。

いろいろなタイプの実験状況が設定されているのだが、ここではもっとも簡単なもので説明をする。この実験は、単語を用いた学習と記憶についてのものであり、生徒役（サクラ）が間違えた場合には、電気ショックを与えるのが先生役（実験参加者）の役割であると告げられる。生徒役は電気椅子に固定され、先生役は別室に行きマイクとスピーカーを通してのみ生徒役と連絡を行う。そして先生役は、生徒役が間違えるたびに、15ボルトずつ電気ショックの強度を上げていくことが求められる。初めのうちショックは大したものではないのだが、１００ボルトを超える頃から生徒役は苦痛を訴え始めるようになる。２００ボルト近辺からは悲鳴のような声が聞こえ、３００ボルトを超えると壁を叩いて実験中止を求め、３３０ボルト以降は無反応になる（むろんすべて演技である）。ちなみに先生役の参加者がもうやめたいと言ったときには、その横にいる白衣を着た実験者は続行を指示する４つの命令を行い、それでも止めると先生役が述べた場合に実験は中止した。

さて以下の質問に答えていただきたい。

1．どのくらいのボルト数の時に先生役は実験参加を拒否するのだろうか

2．あなたが先生役だったらどこで止めるだろうか

3．最高の450ボルトまでショックを与える人間はどのくらいいるだろうか

初めから参加を拒否するという読者も一定数いるだろうが、もし実験内容を聞いて参加を承諾するという読者の場合、最初の質問と次の質問への回答は、せいぜい100〜150ボルトくらいだと思う。3の質問に対する回答の平均は、当時のアメリカのデータでは1〜2パーセントであった。

ところが実際には、約2／3の参加者が最高の450ボルトまで電圧を上げた。この電圧にするはるか前に生徒役からの反応はなくなっているのだ。気絶しているのかもしれないし、もしかしたら死んでしまっているのかもしれない。でも白衣の実験者から「答えがないのも間違いです」などと言われると、さらに強い電圧を加えてしまうのだ。自分の感覚とこの結果の乖離に驚く読者の中には、アメリカ人だからとか、参加者に異常者が多かったのではとか、女性なら違うのではとか、いろいろな原因を探る人もいるだろう。詳しく答えることは紙幅の関係で控えるが、単に「違います」とだけ言っておこう。詳しくはミルグラム『服従の心理』（河出書房新社）を読んでいただきたい。

こうした非道の背後には分業による責任回避が存在している。つまり実験参加者は、実行を管理する白衣の実験者の命令に従っているだけであり、自分の意思で行っているわけではないという気持ちが強く働く。もし隣に白衣の実験者がいなければ、最初に述べたように150ボルト程度以上のショックを与える人はごく稀にしかいなくなるだろう。分業という形の共同にも、恐ろしい負の側面があるのだ。

8-5 共感というバイアス

共感は人と人を結びつけるだいじな働きを持っていると考えられている。友人の辛い生活の話を聞いて、涙を流す、助けようとする。こうした行動には、辛い生活を送る友人が感じる気持ちを自分も感じるという心の働き＝共感が存在する。見ず知らずのアフリカの子供が栄養失調で横たわっている映像を見れば、その子のために寄付をしようと思う（実際にする人はわずかだが）。こうした思いの背後には、自らが経験したひもじさを思い起こしたり、あるいはその子の親の悲しみに想いを馳せる共感が存在している。

こうした次第だから、多くの人は人間が誇るべき道徳性の基盤に共感を据えたがる。共感力の欠如はありとあらゆる悪事の理由にされる。いじめをする子供はいじめられた子供がどう感じるかを理解できていない、貧乏人の気持ちがわからないから消費税を10パーセントに上げるのだ、等々。

しかし共感がもたらす災いも実は存在する。アメリカを代表する認知心理学者のポール・ブルームは『反共感論（Against Empathy）』という、過激なタイトルの本の中で、その事例を驚くほどたくさん挙げている。そしてこう主張する、「道徳的観点からすれば、共感はないに越したことはない」と。

実は共感というものには2種類ある。一つは情動的共感と呼ばれ、苦難にあっている人を見て、自分も同じような苦しみ、悲しみを感じるような場合の心の働きを指す。もう一つは認知的共感といって、人がある時点でどのようなことを感じ、考えているかを推測するような場合の心の働きを指す。この2つの共感は発動するメカニズム、時間も異なるし、関連する脳部位が異なることも明らかにされている。

さてブルームがとりわけ問題視するのは情動的共感の方である。なぜだろう、なぜ理屈抜きに人と同じ気持ちになることがいけないのだろうか。それは情動的共感が近視眼的であることに由来する。自分のいとこが貧困ゆえに餓死した場合と、まったく知らない人が同様の理由で亡くなった場合では、明らかに共感の度合いは異なるだろう。つまり身内びいきのようなことがこのタイプの共感には付きまとうのだ。またこの共感は特定の個人に対しては強く働くが、集団に対しては働きにくい、あるいは働かない。シリア内戦で故郷を追われた500万人の子供に対して共感はうまく働かない。一方、この難民キャンプに暮らす5歳のジョーハラちゃん（架空）の窮状を聞くと、共感が湧いてくる確率が高い。ユニセフなどの募金協力依頼でも、全体の状況だけでなく、特定の子供を登場させるのは、これが理由である。

またブルームは1988年の大統領選挙を取り上げて、この共感の近視眼的な働きについて論じている。この大統領選は、民主党の候補であったデュカキス氏（当時マサチューセッツ州知事）と共和党のブッシュ氏（パパブッシュ）の間で行われた。マサチューセッツ州では1980年代に受刑者週末一時帰宅制度が実施されていた。しかしこの制度を利用して刑務所を週末に出た殺人犯のウィリー・ホートンは、その間にカップルを襲い、縛り上げた男性（その後殺害）の前でその恋人をレイプした。選挙で劣勢に立たされていたブッシュ陣営はこの事件を取り上げ、殺人犯、レイプ犯を野放しにするのがデュカキス氏であるというテレビコマーシャルを流し、一挙に形勢を逆転し、選挙に勝利したと言われている。ところが、この制度は前の知事の時代（それも共和党の）である1970年代に導入され、その間に受刑者の再犯率は低下し、殺人、レイプの件数も減少していたのである。むろんこの制度だけがその間の変化の理由と決めつけることはできないが、その可能性も否定できない。しかし、私たちの共感は全体の穏やかな変化に対しては働かず、一件の具体的な犯罪には強く働いてしまうのである。

日本では社会的連帯を強調する傾向が特に強く、共感が無秩序に礼賛されているように思う。近年でいえば、ラグビーW杯の「one team」は2019年の流行語大賞にも選ばれたりしている。確かに素晴らしいチームで、大昔素人ラグビーをやった人間としては心を打たれた。しかし人と人を結びつける共感にはこのようなネガティブな側面も存在する。在日朝鮮人に謂《いわ》れなき誹謗中傷を浴びせ、ヘイトデモや街宣を繰り返す人たちも、その創始者の考え、発言に「共感」したから活動しているのだということを忘れてはならない。

8.6　1たす1は2にならない時に起こること

1たす1は2である。1人たす1人は物理的には2人であるが、そこでの心の働きが2になることはない。集団には集団の力学というものがあり、1人の行動を支配する原理とは別の原理が働くのだ。だからある時には集団は個人では期待できないような成績を残すこともあるし、見事な秩序を生み出すこともある。一方、ブロッキング、評価不安、タダ乗りの結果、合計が2にはならず、1・3になるかもしれないし、0・7のように1人の時よりも悪くなることもある。また3や4になる時もあるだろうが、それが素敵なことかどうかは仕事の種類にもよる。ユダヤ人捕虜収容所で行われたような仕事の効率が3倍、4倍になることは人類に幸せをもたらすことはない。アイルランドのジョークに「もしあいつに脳が2つあったら、今の2倍バカだったろう」というのがあるそうだが、そんな事態もあり得るのだ。

さて共同のバイアスを述べる時に、ホロコーストなどを持ち出すのはおかしいと感じる方もいらっしゃると思う。確かに極限的な例ではあるが、その後アメリカで行われた心理実験などを考えれば、特殊な心理、状況が生み出したものではないことはご理解いただけるのではないだろうか。また日本においても、財務省による公文書の書き換えと破棄、日本郵政傘下の会社による保険の不適切な勧誘と販売、何度も繰り返される食品偽装、日本を代表する電機メーカーの不適切会計、ある自動車会社の何度にもわたるリコールの不正回避など、組織が関わる不正はいくらでも挙げることができる。これらは、関わった人たちがもともと精神的に、道徳的に劣った人だから起きた事件なのだろうか。そうではないだろう。私たちとなんら変わらない人たちがほとんどだと思うし、もし私たちがその場に身を置けば同じように不正、犯罪に加担していた可能性は高いと思う。

ブックガイド

①『合議の知を求めて：グループの意思決定（認知科学モノグラフ3）』亀田達也（1997）共立出版
②『増補　責任という虚構』小坂井敏晶（2020）ちくま学芸文庫
③『服従の心理』ミルグラム（2008）河出書房新社
④『反共感論：社会はいかに判断を誤るか』ブルーム（2018）白揚社
⑤『エコロジカル・マインド：知性と環境をつなぐ心理学』三嶋博之（2000）NHK

この章は私の専門と最も遠いので、あまり専門的な研究は知らない。そういうことで❶を参考にさせてもらった。ナチスのホロコーストについては、❷をベースにさせていただいた。ここで取り上げたミルグラムの実験は一冊の本になっている（❸）。共感についての❹はかなり刺激的な本だが、私にはかなり説得的であるように思えた。シロアリの話は❺を参考にした。この本は本書では紹介しなかったが、アフォーダンスというとても重要な概念のもっともわかりやすい本である。

第9章
「認知バイアス」というバイアス

ここまでさまざまな人の認知のバイアスを取り上げてきた。人の知覚はとても限定的だし、記憶も儚《はかな》く脆《もろ》い。知性の根幹をなす概念も時にわずかなサンプルから作り上げられてしまい、偏見や差別を生み出す。推論や意思決定などの思考も表面的な特徴に惑わされ、本質を見損なうことがある。人間に固有の言語というものも、現実を酷く歪んだ姿で捉えることを増幅し、記憶や思考を阻害する。他者は人をおかしな方向に導き、不合理、非道徳的な集団意思決定を生み出す。こうしたことから、人はバイアスまみれの当てにならない存在であるということが導かれる。このようなことを紹介する本は、日本語のものに限っても相当な数となっている。そうしたことから、人の非合理性、非論理性はある意味、常識化しているとも言える。

しかし、人はそうした側面だけを持つわけではない。うまく育つ植物の種子を見つけ、それを栽培したことで、備蓄が可能となり、社会が生み出された。社会の中で生活する人間は、言語や文字を用いることでその成果を次世代に伝え、さらなる発展を可能とした。その結果、科学や文明が生み出された。そして、物質や宇宙の起源、生命の仕組み、疾病の予防と克服、エネルギーの変換による産業の興隆と発展、コンピュータとネットワークの開発、などなど数え切れないほどの発見、発明を成し遂げ、人の生活を豊かにしてきた。

こうしたことから考えれば、人を愚か者だと断定してしまうのは、それ自体もバイアス、つまり「認知バイアス」バイアスといえる。最後の章でちゃぶ台返しのようなことになるのは承知の上で、人の合理性について再検討をしてみたい。

9.1 二重過程理論の問題

人間の合理性と非合理性を説明するために、思考の研究分野では二重過程理論というものがだいぶ前から提唱されている。これは人間には2つのシステムがあり、その各々はまったく違った働きをするというものである。表9・1に、この分野で多くの研究をなしてきたケン・マンクテロウが、彼の主著『思考と推論：理性・判断・意思決定の心理学』（北大路書房、2015）でまとめたものを載せた。

いろいろな呼び名があるのだが、ここでは広く普及しているシステム1とシステム2という用語を用いてみる。これによれば、システム1は直感的で、素早く作動し、認知的な負荷をかけないが、論理に基づくものではなく、非合理な決定を生み出すこともあるとされる。一方のシステム2は熟慮的であり、動作は遅く、認知的な負荷を相当にかけるものであるが、論理を駆使し、熟慮に基づく決定に導くシステムであるとされる。またシステム1は動物由来のもので、システム2は前頭葉、特に前頭前野が発達した人間に固有のものであるという人たちもいる。この考え方に従うと、これまでに述べてきた認知バイアスはシステム1がもたらすものであり、考え直し

システム1	システム2
暗黙的知識	明示的知識
実用的	論理的
連想的	規則ベース的
直感的	内省的
無意識的	意識的
自動的	制御的
並列的	逐次的
言語と無関連	言語と関連
文脈依存	文脈独立
処理容量多い	処理容量少ない
作動記憶と独立	作動記憶に依存
知能と無関係	知能と関係
進化的に古い	進化的に新しい
他の動物と共有	人間に固有

表9・1　2つの思考のシステム（マンクテロウ『思考と推論』p.174より）

たり、他の人の説明を聞いてルールに基づく、内省的な判断を下したりするのはシステム2ということになる。

この二重過程理論は広く認められているものであるし、脳レベルの働き方も異なることがわかっている。また何より本書の特に5章、6章、7章あたりでは、これをほのめかすような記述もあったと思う。

しかし、こういう説明は陳腐だと思う。人間には右足と左足がある、というのはとても自明なものであり、別に反論もないだろう。しかしこれは単なる記述であり、説明的な価値はほとんどない。ポイントはこの2つがある運動の過程の中でどのようにぶつかり合ったり、噛み合ったりするのか、ということだと思う。

歩行という過程における右足、左足の動作を例に挙げて考えてみよう。「歩くときにはどちらか（例えば右足）を出して、次に残り（左足）を出して歩きます」という説明はどうだろうか。

もしこの説明に納得されたとしたら、それは歩行という現象に対する、あまりに単純化された見方と言わざるを得ない。右足を出すときには左足に重心をかける。そして右足を実際に踏み出すときには、左足のかかとはもう少しだけ上がりつつある。そして右足が前に出るにつれ、左足は指先あたりで地面を蹴るようになる。こういう複雑な動作が絶妙なタイミングで働くことで歩行が支えられている。歩行という行為において、右足と左足は別々のものではないのだ。ある時点で2本の足が行うことはまったく異なっているが、この異なる2つのシステムが相互作用して初めて歩行という意味ある現象が生み出される。

少なくとも思考も歩行と同じくらい複雑な現象だ。直感的な無意識的思考と分析的で意識的な思考という2つがあり、これらが場面に応じて独立に働くというのは、とんでもない単純化だと思う。そもそもシステム1が生み出す直感的思考は、もしそれが多くの論者が言うように動物由来だとすれば、そもそも言語的に伝えられる問題文を理解できないではないか。また論理的な思考を行うシステム2は、感覚器官などとの関係を持たないとすれば、外界から何かを感じ取ることなどできないではないか。

また何がシステム1で何がシステム2かは簡単に判断できるものではない。あとで述べるが、4枚カード問題と同種の問題も、直感的に正解を導ける場合もある。この時使われるのが、システム1なのか、システム2なのか、そんな区別は瑣末《さまつ》なことだと思う。

9.2 直感の方がうまくいく

自動的、無意識的で熟慮性に欠けるとされるシステム1だが、研究者によってはシステム1に頼る方が合理的なのだと主張する人もいる。マックス・プランク研究所のゲルト・ギーゲレンツァーは、これを強硬に主張する人の一人だ。彼はドイツ人とアメリカ人に対して、アメリカの都市の人口についての質問をした。たとえばアメリカの都市に関するものであれば「サンノゼとサンディエゴではどちらの人口が多いか」「デトロイトとミルウォーキーではどちらの人口が多いか」などである。

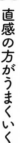

当然、アメリカの都市についてはアメリカ人の正答率の方が高いと思うだろう。残念ながらそうはならない。ドイツ人はほぼ全員が正解したのに対して、アメリカ人の正答率は6割程度だったのである。読者の方はどうだろうか。アメリカ在住などの経験がある人を除けば、おそらくサンディエゴとデトロイトを選ぶと思う。そしてそれは正解だ。

どうして知らないドイツ人たち、あるいは私たちのほうが成績がよいのだろうか。それは単に聞いたことのある方を選ぶからである。日本人にとって「サンノゼ、はぁ、そんなとこあるの？でもサンディエゴは確か聞いたことある」という程度で決めざるを得なくなる。これはまったく非合理と思うかもしれない。しかし大きな都市になればいろいろなイベントが開催されたり、事件が起きたり、スポーツのチームがあったりすることで、よく見聞きするようになる確率が高い。こうしたことを反映して、「聞いたことある」がうまく働くようになる。これは「再認ヒューリスティック」と呼ばれている。

一方、どうしてアメリカ人たちはこの回答を導けないのだろうか。それは両方の都市についての知識をたくさん持っていて、再認ヒューリスティックが使えないからである。知識といっても辞書に載るようなものだけではなく、そこで起きた事件、イベント、出身者、あるいはもしあるのならば自分のそこでの経験などである。するとアメリカ人は両都市について相当な量の情報を受け取っている。そこで比較ができなくなってしまうのだ。

両方知っていたらどうすればよいのだろうか。その時は自分がだいじだと思う属性を1つ取り出し、そこで判断をするのだ。これは「最良選択ヒューリスティック」と呼ばれている。デトロイトもミルウォーキーも聞いたことがある時、「2つとも知っているけど、デトロイト、車で有名でしょ」という基準で判断するのがそれだ。それでも決着がつかなければ、別の属性を1つ選び出す。たとえば、州都であるとか、野球チームがあるとかなどのうちのどれかである。これらを一つずつチェックしていき、片方はその属性を持っており、もう片方はそうでなければ、持っている方を選べばよい。それ以上は行わない。ここからわかるように「最良」というのは、単に自分が判別のために最良と「思う」という意味であり、客観的な最良を意味するわけではない。なお他にも、判断することについての思い出しやすさも含めた流暢性、あるいは馴染み深さなども関与する（ブックガイド⑫参照）。

ギーゲレンツァーたちは、再認、最良選択ヒューリスティックなどの単純な方法がどの程度うまくいくのかをコンピュータシミュレーションによって検討している。するとドイツの都市に関してこれを行うとおよそ2／3のケースで正解を導くことがわかった。そしてそれを重回帰分析などを用いて、属性（10個ある）ごとの重みを推定する方法などの統計的な方法を用いた判断と比較した。すると驚くことに、こうした高度な方法の正答率も2／3と同じ程度だったのである。高度な統計的方法で考慮する属性は10個全部であるのに対して、単純な方法では平均で2～3個程度の属性だけで判断していることを考えると、この結果は驚異的だと思う。

ギーゲレンツァーは独創的な研究者であり、面白い発想でいくつものすばらしい研究を行ってきた人だが、実践もやっている。彼と友人はある投資情報誌のコンテストに応募した。このコンテストは、その投資情報誌が選んだ50銘柄を適当な組み合わせで購入し、6週間の間で誰がもっとも利益を出すかというものであった。実はギーゲレンツァーと友人は株のことを何も知らない。そこでベルリンの街角を歩き、100人に50銘柄を知っているかどうかを尋ね、多くの人が知っている10銘柄を選んだのである。これは集団の再認ヒューリスティックで株式を選ぶという、あり得ない方法だ。馬鹿げていると多くの人が感じるだろうし、私もそう思う。

さて蓋を開けてみると、この愚かな（?）方法で2・5パーセントの利益をあげたという。ほらみろ、それっぽっちじゃないか、と思うかもしれないが、これは1万人の応募者の上位1／10に入る成績だったのである。また笑えるのは、この投資情報誌の編集長（むろん専門家だ）は18・5パーセントの損失を出したことだ。その後もギーゲレンツァーはこの方法で5万ドルも投資したのだが、そこでは6ヵ月でなんと40パーセント以上の利益を出したそうだ。2度程度の成功で結論を下すのは良くないと思うが、株音痴の私も彼と同じ方法でトライしようかと思い始めている。

9.3 認知の文脈依存性

4枚カード問題を再度考えてみよう。あの問題では悔しい思いをした読者も多いと思う。では次のような問題を考えてみてほしい。あなたは空港の入国管理を行っている。この国ではコレラが蔓延しており、滞在する人はコレラの予防接種を受けていなければならない。旅客たちはカードを持っており、あなたにこれを提出することになっている。このカードの表には滞在か、一時立ち寄りかが記され、裏には受けた予防接種のリストが書かれている。あなたの目の前には以下の4枚のカードがある。それらは以下のようになっている。

1. 滞在
2. 一時立ち寄り
3. コレラ、チフス、赤痢
4. チフス、赤痢、インフルエンザ

どのカードを裏返して確認する必要があるだろうか。あまり考えずに直感で答えてほしい。ほとんどの人は1と4のカードを選ぶと思う。これは論理学的にみて正解だ。

次の問題も見てみよう。ある幼稚園では「おやつを食べるならば給食で野菜を食べなければならない」という規則がある。ここに次のような4人の子供がいる。チェックしなければならないのはどの子だろうか。

1. おやつを食べている
2. おやつは食べていない
3. 野菜を食べた

4. 野菜は食べていない

どうだろうか。これも1と4を選ぶ人が多数だと思う。そしてそれもまた正解である。これらの問題は「母音の裏は偶数」という、あの問題と論理学的には同じ問題である。こうした問題を使えば、私たちはたいがい論理的な解を導くことができる。愚かではないのだ。

どうしてこれらの問題には難なく正解できるのだろうか。そしてどうして4章のオリジナルの4枚カード問題には間違えてしまうのだろうか。滞在やおやつは具体的だからできると言う人たちがいる。しかしこれは間違いだと思う。小学生ならまだしも偶数が具体的でなく、滞在が具体的というのは随分と無茶な議論ではないだろうか。偶数に出会う方がどこかに滞在するよりもずっと頻繁に起きているからだ。また、この本の読者に入国管理をしたことがある人はほぼ存在しないだろうし、予防接種が義務付けられている国を訪問したことがある人もごくわずかのはずだからだ。

では右の問題とオリジナルの問題は何が異なるのだろうか。実は論理的には同じでも、オリジナルの4枚カード問題と右の2つの問題には意味上の大きな違いがある。それはオリジナルとは異なり、この節の2つの問題はある行為とそれを行うための前提条件が関わっている。つまり、入国・滞在という行為とコレラの予防接種という前提条件、おやつを食べるという行為とその前提条件である野菜を食べるが関わっている。一方、母音の裏は偶数というのは、こうした意味的な関係を含んでいない。人は行為とその前提条件の文脈では正しい推論ができるのに対して、それを含まない文脈の問題では正しい推論はなかなか行えないのだ。

もう一つ、文脈の問題について考えてみよう。3章で取り上げたリンダ問題における連言錯誤はどうだろうか。確かにあの問題での人の非論理的な反応の再現性は高い。しかし、私たちは本当に部分集合の要素数の方が元の集合の要素数よりも多いと考えているのだろうか。そんなことはない。「女子大生と大学生はどちらが多い」とか、「ある人がアメリカ人である確率とラテン系アメリカ人である確率はどちらが高いか」と問われて、「女子大生」「ラテン系アメリカ人」と答える人はいないだろう。こうした問題を用いれば、人は論理的に判断しているということになる。

また4章のコラムの最後のほうで取り上げた、ベイズの定理を用いた乳がんの診断問題はとても難しく、多くの人はその答えに納得できない。しかし確率で表される数値を、頻度で表現すると劇的に簡単になることが知られている。乳がんになる確率を1パーセントとするのではなく、たとえば1000人に10人というように表現し直した問題では、正答率が数倍になる。

これらは論理的vs.非論理的、合理的vs.非合理的という二分法で人を特徴づける考え方が不適当であることを示している。つまり人は賢い時もあれば愚かな時もあり、それは問題の文脈により変化するのだ。これを認知の文脈依存性と呼ぶ。ある文脈で賢いからといって、それと論理的、構造的に同じ文脈ならいつでも賢いかどうかはわからない。加えてこうした文脈依存性をシステム1の働きであるとか、システム2の働きであるとか議論することも意味がないと思う。できる時に働くシステムも、できない時に働くシステムも表9・1で挙げた特徴の多くを共有しているからだ。

文脈依存性は論理的思考にとどまるわけではない。たとえば記憶力というものもそうだ。私は学部生時代に幼稚園児の記憶の実験を行ったことがある。この時、幼稚園児たちがたった3つくらいの単語の復唱すらできないことにひどく驚いた。驚きながらも、3歳児の記憶スパン（能力）は3程度などという論文を書いたりした。しかし彼らはポケモン151匹の暗誦はできたりする。この事実を考えれば記憶スパンは少なくとも数十倍ということになる。それほど記憶がすごいのであれば、周期表など簡単に覚えられるはずなのだが、これは大人になってもふつうの人は覚えられない。そのごく一部ですら、試験が終わった途端、多くの人の頭からあらかた消え去ってしまう。

こうしたことを考えると、ある課題を用いてできないから人は愚かだとか、逆に別の課題を用いて成功したので人は賢い、などという結論を出すこと自体が大きな間違いであることがわかる。またそれがどちらのシステムなのかと問うことも生産的ではない。

9.4 限定合理性と生態学的妥当性

人間がバカか利口かという二分法で語れない理由のもう一つは、時間と記憶が無限ではないことにある。将棋などの完全情報ゲームというものは、時間が無限にあり、これまでの対戦をすべて記憶する能力があれば、無敵になれる。つまり必勝法というものが存在すると言われている。しかし、人間はもちろんだが、ＡＩであろうとこうした能力や可能性を持つものは存在しない。記憶のところでも述べたが私たちが記憶できるものはごくごくわずかである。また注意の限定性により、すべての情報に目を通すこともできない。そして、それらの情報を精査する時間も限られている。

こうした制限の中である程度まで適応的に行動を行うためには、あり得ない可能性をはじめから無視することが必要となる。むろんあり得ないかどうかはわからない。しかしこれまでの経験、あるいは考えている時間内に生じるリスクなどを考慮して、短い時間の中で決断をする必要がある。仮に森の中で大きな黒い動くものに出会ったとする。もしかするとそれはクマの着ぐるみを着た人間かもしれないし、食事を終えたばかりの（つまりもう食欲がない）クマかもしれないし、足を怪我して移動ができないクマかもしれないし、未発見の草食獣かもしれない。しかしそんなことを考えているうちに襲われる可能性もある。こんな場合は、クマらしきものをじっくり観察して上記の可能性を排除するよりも、即座に逃げたほうがよいだろう。きちんと確かめもせずに逃げ出すなど愚かだ、という人がいたら、その人こそ愚かだ。

きちんとデータを収集、保存し、それを逐一チェックして、そこに論理規則を用いて推論し、効用計算を行って決定するという姿は、伝統的な経済学が仮定してきた人間像である。こうしたことをやる人はまずいない。それは人間は限られた時間の中で、そしてとても短い時間の中で決定をしなければならないからだ。このような時間や記憶が制限された中で発揮されるのが「限定合理性」というものだ。これは１９７８年にノーベル経済学賞を受賞したハーバート・サイモンたちが提案した考え方である。

この観点から本書でこれまでに述べてきたバイアスを考え直してみよう（一部重複もある）。

注意と記憶のバイアス　チェンジ・ブラインドネスで見た変化の見落としは、限定合理性の表れと考えられる。もちろん画面内にある要素をすべて表にして、形、場所、色、向きなどを記録していけば、いつかはわかるだろう。しかしそんなことをしていたら、ふつうに気づくまでの何倍もの時間がかかることは必至だ。場面がどんなものか、その要点（ジスト）を把握し、要点に関わる要素に注意を向けて、集中することは何ら非合理なことではない。台座やカーテンの色はその場の主役ではないし、ましてやそれらが短い時間の中で変わったりすることも日常世界にはないからだ。

利用可能性ヒューリスティック　利用可能性ヒューリスティックについて考えてみよう。何かの起こり具合、頻度を推定することは、人間も含めた生物全般にとってきわめてだいじな意味を持つ事柄だ。この時これまでの経緯をすべてノートに記録していればその方がいいが、そんなことを私たちはいちいちやるわけにはいかない。だからこのヒューリスティックを使うのだ。よく出会うものはよく覚えるし、結果として思い出しやすい。だからその逆を用いて思い出しやすいものには、よく出会ったと考えるのである。全然悪くない。

ただし2章でも述べたが、これは新聞、週刊誌、ラジオ、テレビ、そうしたものがない時代においての合理的な戦略だ。マス・メディアという単語は20世紀に作られたものだ。どこから人間かを考えるのは難しいが人間の誕生から仮に20万年として、20万年を一日24時間で表すとすれば、メディアの登場は23時59分15秒くらいだ。それまでの時間はメディアなし、自分の経験をベースにして、うまく生活をしてきたのだ。そうした世界でうまく働いたものを簡単に捨て去ることは困難だろう。

代表性ヒューリスティック　これは人間の認知の基礎となる概念、カテゴリーの働きに基づいたものである。確かに十分なサンプルもないのに、わずかな代表例から勝手に「○○像」のようなものを作るのは、褒められたことではないかもしれない。なぜなら場合によっては偏見や差別を生み出しもするからだ。しかし、十分なサンプルを得るまでじっとしている、あるいはやみくもに行動や発言を行うというのも、ずいぶんと悠長な話ではないだろうか。どれくらいのサンプルをとれば適切かは、計算によって求めることができる。しかしそれは素人にとってそれほど簡単なものではない。だとすれば暫定的に「元」プロトタイプのようなものを作って、とりあえずそれに従って行動することも一概にダメだとは言い切れないだろう。

このように人間が生存する環境の特性、そこで実行可能な認知的な操作、そういうものとの絡みで、つまり生態学的な妥当性という観点から、知性を捉えなければならない。それが限定合理性という考えが教えてくれる大切なことなのだ。

9.5 心理実験のワナ1～別の問題を解いてしまう

人がバイアスにとらわれるというバイアスは、文脈依存性、限定合理性だけに原因があるわけではない。心理学者自身が行う問題設定の中にもあるのだ。これは4章で述べたことだが、オリジナルの4枚カード問題で間違えてしまう理由は、実験参加者が提示された問題を論理的な推論課題だと思っていないからという可能性がある。繰り返しになるが、参加者たちは「P（前件）とQ（後件）は関係しているのか、それとも無関係なのか」の判断をしている可能性が高い。こうした課題を行っているとすれば、そして稀少性の前提（PやQは稀にしか起きない）があれば、誤答と見なされる彼らの判断は合理的ということになる。このことは、人は心理学者が想定する問題とは異なる問題を解いているがゆえに愚かと見なされてしまうことを示している。

アレクサンドル・ルリヤという旧ソビエト連邦を代表する心理学者は、読み書きができるということが、抽象的、論理的思考を可能にするという仮説を持っていた。そこで、彼はこれを検証するために中央アジアに出向いて、読み書きができない人、読み書きができる人に簡単な論理学の問題を提示した。以下は、その時の対話である。なおこれは1930年代に行われたものである。

（最初に、「綿は暑くて乾燥したところだけに育つ。イギリスは寒くて湿気が多い。そこでは綿が育つだろうか」という質問がなされる。）

参加者　わからない。

実験者　考えてみてください。
参加者　私はカシュガルにしかいたことがないから、それ以上のことはわからない……。
実験者　私があなたにお話ししたことからそこに綿が育つということになるのでしょうか。
参加者　もし土地がよければそこには綿が育つ。じめじめした悪い土地なら育たない。カシュガルのここみたいなところなら育つね。そこの土地がぼろぼろして軟らかくてももちろん育つ。
実験者　私のことばからどういうことが出てきますか。
参加者　われわれ回教徒のカシュガル人は無知な民族だ。われわれはそこにいったこともないし、そこが寒いか暑いかも知らない。
（ルリヤ『認識の史的発達』明治図書、pp.156－157）

むろんこの問題の正解は「育たない」なのだが、読み書きができないこの参加者はそうした答えを導くことができない。多くの問題で似たような会話例が得られた。一方、学校に行き、読み書きができる人たちは私たちと同様にすぐに答えにたどり着くことができる。ルリヤはこうした例をたくさん集めて、読み書き能力は抽象的、論理的思考の基盤にあると結論づけた。
読み書きができないこの人たちは本当に抽象的な思考ができないのだろうか。そうではないだろう。実は彼らは「事実」の問題としてこれを捉えた可能性がある。事実問題として考えれば、イギリスにだって、特に当時のイギリスには綿が栽培されていたはずだ。なぜならグレート・ブリテン島だけがイギリスの土地ではなかったからだ。インドはまだ彼らの植民地であり、イギリス領土だ。そこでは大量の綿花が栽培されていた。またイギリスの大学のどこかの研究室では実験的に綿花を栽培している可能性だってある。このように事実問題として考えれば、この参加者の述べていることが彼の無能を示すものではないことは明らかだ。単に心理学者が想定するのとは違った問題を解いているだけなのだ。

彼らのようなことは私たちにだってあるだろう。「関東人は納豆を食べる」「北島康介選手は関東人である」「彼は納豆を食べるか」と聞かれたら、そんなことはわからないと答える人もたくさんいると思う。それは北島さんという個人についての質問であり、彼が食べるか食べないかなんてわからないからだ。

現在、大学教育などで話題になっている批判的思考では、前提を鵜呑みにしないためのスキルを育てることが目標とされている。そうした観点から見れば、この参加者の考え方は、合理的と言える。一方、学校で読み書きを習得し、即座に正答を出す人こそが、無反省ということになるだろう。もっともこれは読み書きができるようになったせいではなく、単に学校に通ったせいだと思う。学校はどんな無茶な前提でも文句を言わず認めることを促すからだ。こうした環境に長年身をさらすと、前提以外のことを考えなくなる。これは「隠れたカリキュラム」と呼ばれる。

9-6 心理実験のワナ2〜言葉の裏を読んでしまう

これまで紹介してきたような心理学の実験を行う時には、必ず課題を口頭で説明したり、文字にして表したりする。ところが心理学者が考えるような意味で実験参加者がその言葉を解釈するかどうかは不明なのだ。こうした説明をする時に、心理学者たちはとても慎重に言葉を選んで、実験参加者たちが誤解しないように心がける。多義的な言葉を用いないとか、指示が伝わるように簡潔にする、伝えたメッセージ以外のことを参加者が考えないようにするなどである。

ところが発話（会話とか、談話とか）は、そもそもそういうものではない。多くの発話はその字義的な内容を超えた、さまざまな暗黙の意味、言外の意味を伝えている。そしてそれらの意味は、ある時には意識的に把握され、別の時には無意識的に把握され、聞き手のその後の反応に影響を与える。以下では、このことを子供を対象にした実験を通して考えてみたい。

幼児期の子供には数の保存概念がない、というのが長らく発達心理学を支配してきた考え方だった。付け加えたり、取り去ったりしない限り、ものの数は不変だ、つまり保存されるというのが、数の保存の意味するところだ。ところがこうしたごく当たり前のことを幼児は理解していないとされてきた。子供の前に、たとえばアメを5つ並べ、これと同じだけ並べるように言う。そして「同じだけありますか」と聞く。その後、片方の列の間隔を広げたり、狭めたりする。そしてもう一度「同じだけありますか」と尋ねる。すると年少の子供（3、4歳）の多くは、2つの列は同じではないと答えてしまう。

これについて私の友人であった故マイケル・シーガルは、幼児のこうした無能さは実験によって生み出されたアーティファクトだと断じた。アーティファクトというのは一般には人工物という意味だが、この文脈では実験の操作により、本来はないはずの現象が人為的に生み出されてしまうことを指す。こうした次第だから、アーティファクトというのは、実験を行う科学者たちがもっとも恐れるとともに、忌み嫌うものだ。

さてこの実験のどんな部分がアーティファクトを生み出すのだろうか。シーガルは、同じ質問を2度することによって生み出されるのだと言う。同じことを2度聞くというのは、単なる繰り返しではない。独特なメッセージを生み出す。それは、初めの答えとは違うものを相手は期待している、初めの答えに納得していない、初めの答えは間違いだ、等々のメッセージだ。

たとえば「あなたは既婚者ですか」と聞かれて、はっきりと相手に聞こえるように「はい」と答えたとする。そしてその直後にもう一度「あなたは既婚者ですか」と聞かれた場面をイメージしてみよう。いくつものクエッションマークが頭の中に湧き上がってくるのではないだろうか。

「お前みたいなものが結婚しているはずはない」という侮辱と考えるかもしれない、「あの（ヤバイ）場面を目撃されたのかも」と怯えるかもしれない。さらに相手が異性だったら反対に「誘われてるのかな」と思うかもしれないし、もしその人がとても素敵な人だったら「いやぁ、実はしてません」などと言い、左手を相手の視界から隠すかもしれない。

子供たちがもし仮に保存の概念を獲得していたとしよう。つまり、動かしたって数が増減する（そんなバカげた）ことはないと、私たちと同じように考えているとしよう。すると、動かす前に聞かれた質問に一度「同じ」と答えたのに、もう一度同じことを聞かれた、と子供たちは考えるだろう。すると「前と違うことを言えと言ってるんだな」とか、「同じって長さのことかな」などと考え始める。そして「違います」という答えを出してしまうのではないだろうか。

シーガルは実験を工夫して、質問を一度しかしない条件で実験を行った。すると標準的な保存課題では間違えてしまう子供の多くが一貫した答えを出すことがわかった。またこうした子供たちに、保存課題で間違えた答えを出す子供のビデオを見せると、「この子は嘘を言っている」とか「本当はそう考えてない」などと答えるという。そもそも、子供が本当に列の長さが数に影響すると考えている可能性はとても低いのではないだろうか。もしそうだとしたら、アメを2つ並べて、子供が「もっとちょうだい」と言ったとき、その間隔を広げれば、子供は満足するはずだ。でもそんなことはあり得ないように思う。

代表性ヒューリスティックで述べた、連言錯誤についても、同様に課題の説明が生み出す言外の意味が関係している可能性がある。9・2節で登場したギーゲレンツァーと同僚のヘルトヴィッヒがこの可能性を検討している。ここでの暗黙の、言外の意味とは、「関連性」に関わることである。話し手は聞き手に関連性のないことを述べないようになっている。逆から見れば、聞き手は話されたことは自分にとって関連することと考える。たとえば私が皆さんに明日の会議の場所を告げたり、自分の実家の電話番号を伝えたりすることはない。なぜならそれは皆さんに関係ない、皆さんの活動と関連性がないことだからだ。もし伝えたとすれば、皆さんは「あとでなんか問題を出すのか」などと考え、気にとめるようになるだろう。

この関連性の観点から考えると、連言錯誤で用いられたリンダ問題は相当に不思議な問題となる。明らかにフェミニストと関連性の高い情報が与えられている。にもかかわらず、それらの情報は無視して、確率的な関係に沿って問題を考えなければならないからである。そういう場合、私たちはどうも関連性の方を優先するようにできているようだ。だからフェミニストの銀行員を選ぶ。そこでヘルトヴィッヒとギーゲレンツァーは、曖昧さが生じないように、確率ではなく、人の数でリンダ問題を書き直して実験を行った。「先ほどの説明（リンダについての記述）に当てはまる人がここに100人います。そのうち、どちらの文に当てはまる人が多いでしょう」というものだ。そして銀行員か、フェミニストの銀行員か、の選択肢を与える。するとオリジナルとは完全に逆になり、90パーセント以上の参加者が銀行員を選ぶようになる。

発話の持つさまざまな意味については、言語学の中でも語用論（pragmatics）と呼ばれる分野で盛んに理論的、実証的な研究が行われている。こうした研究の知見は、実験を行う際、特に実験参加者への教示を考える時には重要だと思う。

9.7 愚かさを裏側から考える

ここではこれまでに見てきた認知バイアスを逆の側面から見ようと思う。これを通して、なぜそうなるのか、間違えることの意味はなんなのかを考えてみたい。

もし環境が、そしてその一部だけが一瞬にして変化することが、それも運動情報抜きで、日常的に起きるような世界で生活するのであれば、チェンジ・ブラインドネスは致命的だ。しかし私たちが通常の生活をしている中で、そうしたことはほぼ起こらない。だとすれば、誰かがPCでいたずらする時代を予測して、そうした能力を鍛えておくことは無意味だろう。またそもそもサバンナに住んでいた私たちの祖先、江戸の街で田楽を頬張っていた日本人に、そんな時代が来るなどという予測はできるはずもない。だとすればそうした能力がないことが何かの問題を起こすことはまずない。

完璧なエピソード記憶を羨む人もいるかもしれない。なんでも正確にありのままに記憶できれば、どんな試験でも満点を取れそうだ。しかしそれは記憶の固定化というリスクを背負うことになる。元通りではなく、主要な部分を抜き出し、それを繋げて一連の物語を作ることは、人にとってとてもだいじな抽象化という心の働きの現れだ。これによって人は、概念、カテゴリーなどを作り出し、物事を容易に区別できるようになり、それに応じた適切な行為を実行できるようになったし、新規な事物に対してもある程度までの対処が可能になった。またこの心の働きにより、科学などの世界では、仮説、モデル、理論が生み出される。ありのままを記憶するだけの脳にはこうしたことは期待できない。

連言錯誤、4枚カード問題で見た初歩的な論理からの逸脱は、確かにまずい結果を生むこともあるだろう。ただこうしたバイアスと呼ばれるものは、特定の文脈で、そして多義性のある指示のもとで生じた可能性も否定できない。人の知性を探るには、そのための道具、物差しもだいじだ。心の科学はたゆまぬ努力で、これらの精度を上げてきたと思う。ただし完全ではない。前に述べたように、連言錯誤は課題文が会話の原理、特に関連性の原理から逸脱したから生み出された可能性もある。また4枚カード問題の錯誤は、実験参加者が想定した形で問題が捉えられず、別の問題を解いたから生み出されたという可能性が高い。本章で述べた許可（行為とその前提条件）という文脈での人の直感の確かさを考えれば、根本的なレベルで人に論理的な思考力が欠如していると考えられないからだ。

創造力のある人間になりたい、創造性を伸ばしたい、イノベーションを繰り返す組織を作りたい、そういう思いを持つ人はとても多いと思う。創造はきわめてだいじだし、それが人間社会を発展させてきたことは言うまでもない。私自身も自分の頭のかたさに辟易しているとともに、自分がより創造的になりたいと念じている。ただここには過信が潜んでいる。創造が賞賛されるのは、それが稀にしか起きないからだ。よって創造はめったに起こせない、これは定義の問題だ。創造のための方法があるかのように語る人もいるが、それは単なる錯覚に過ぎない。それがあるとすれば、そして伝わるとすれば、もうその方法で生み出されたものは創造ではなくなるからだ。これも定義上の問題となる。何かの経験抜きに、失敗をせずに創造的なものが生み出される可能性は、ゼロとは言わないが、限りなく少ないと思った方がよいだろう。準備のない心に幸運は訪れないのだ。加えて、イノベーションはサーフィンだと述べた。それは時代、他者との出会いの中で見出され、評価されるのであり、個人の頭の働きだけで済む話でもない。

共同は同調などにより、あり得ないほど残酷な行為を人間に実行させる。同調をせずに、個人の道徳判断を貫いて生きていくことはすばらしいかもしれない。しかし人はその起源からして社会生活に適応することが求められてきた。社会からの追放は、未開社会の場合、即刻その個体の死を意味する。生活に必要なことをすべて自力で行うことはできないからだ。農耕社会が形成され、集団の規模が拡大することにより、社会的分業も可能になった。これによって社会の防衛、資産の管理などに煩わされることなく、自らの仕事に集中することが容易になった。むろんこれは福音だけをもたらしたわけではないことも確かなのだが、それが進んでしまえばそこから自分だけ一抜けたというわけにはいかなくなる。

9.8 修繕屋としての知性

将来は何が起こるかわからない。今日、誰に出会うのか、上司からどんな仕事を言い渡されるのか、そこにどんな苦労が待ち受けているのか、そうしたことを事前に予測することは難しい。もっと長いスパンの話になれば、予測はさらに困難になる。この原稿を書いているのは2020年9月だが、世の中は新型コロナウイルス感染症の話題で持ちきりである。しかし1年前にこんな予測をしている人は世の中にほとんどいなかっただろう。

そういう次第なので、私たちはこれから起こることすべてに関して事前に準備をしておくことはできない。人の心の働きについても同じことが言える。定型的な、そしてよく起きることについては、進化、学習を通じて、頭を働かせることなく対処できるような方法＝ヒューリスティックを身につけることができる。しかし、非定型的なことも起こるし、稀なこともある確率で確実に起こる。

こうした場合、その解決に必要なことを一から勉強し、何日も、何年もかけて対処する方法を学べる時もあるかもしれない。だが解決に必要なこと自体が何かがわからない時もあれば、そんなに長い時間をかけることが許されない時も多いだろう。どうしても日本酒が飲みたい、でも手に入らない、そういう時にコメを発酵させることから始めるのは論外だ。

こうした時には手持ちのもので対処するしかない。いかに格好が悪くても、効率的でなくてもだ。たとえば、場合の数や確率の問題を解く時に、必要な公式を忘れたら、頑張って列挙して数え上げていく他ない。私自身がそうなのだが、しばらく前までは加減算は桁数が多くてもほぼ暗算でできたが、最近は老化のせいか、自信がない時もある。そうした時には、かっこ悪いけど書き出して筆算したり、指を使ったりしなければならない。

人間の知性の進化もそうだ。いつの時代からか言語が人間生活において重要な役割を果たすようになった。むろん、祖先は将来言語が必要になるなんて頭の片隅にも浮かばなかっただろう。だから来るべき言語を用いる社会で使うものを事前に準備しておくことなんてできない。だからどうしても言語が必要になった時には、以前他の用途で使っていた脳部位を使わざるを得ない。言語というとブローカ野や、ウェルニッケ野などがその中枢といわれているが、これはむろん言語のために用意されたものではない。他の用途で用いていたそれらの脳領野をうまく利用したのだ。最近話題の言語進化論では、言語というのはそうした部位の働きにうまく合致するようにチューニングされてきたという考えも提出されている。

20世紀を代表する人類学者であるレヴィ＝ストロースは、未開部族の研究からブリコラージュという示唆に富むアイディアを提供してくれた。ブリコラージュとは、あり合わせのもので、とりあえず必要なものをこしらえるようなことを指す。計画的設計の反対語だと思ってもらうとわかりやすいかもしれない。

人間の認知は、本質的にこうしたブリコラージュのようなものと考えることができる。私たちは将来のことはあまりうまく予測できないので、将来起こる可能性があることに対し事前に準備しておくことは困難だ。だからあり合わせのものでなんとかしのぐしかないのだ。こうした次第だから、認知はエレガントではないことも多い。また、非効率きわまりないことをやらざるを得ない場合もある。でも、それが認知の姿なのだ。7章のロウソク問題の、あの粗末な燭台の完成図を思い出してほしい。立派な金属製の燭台を作りたい。でもどんな金属がいいかも、またその加工の仕方もわからない。だとすれば、あり合わせのものでブリコラージュしてあんな燭台を作る他ない。

9.9 現代社会とバイアス

さて1万数千年前あたりから、私たちの生活する環境には予期せぬ変化が目白押しだ。そこにあるものを食べる、なければ探す、そうした狩猟採集の時代から、農業の普及、食糧の備蓄による集団規模の拡大、人口の増加、それに伴う階級の出現、さらには文字の使用などとんでもない変化が次から次へと現れた。こうした速いスピードの変化には進化のメカニズムはうまく対処できない。だから、それまでの生活で培われた認知のシステムをなんとかブリコラージュで組み合わせてしのぐ他なかった。

そしてここ100年の変化は桁違いのスピードとなっている。こうした変化を遂げつつある現代社会の中でも、なんとかブリコラージュで生きていくしかないのだが、狩猟採集時代の認知システムでやりくりするのは、なんとも辛い時代だと思う。ブリコラージュの仕方を間違えて、おかしな判断をしてしまう、やってはいけないことをしてしまう危険性は広がっているように思う。

昔、たとえば200年くらい前までは、道を人間以外のものが移動するなどということは稀だった。人間の歩くスピードは時速4キロメートル程度だし、江戸時代の飛脚だって時速10キロは超えないだろう。たまに馬が走ることはあっただろうが、主要な街道であっても、これが1時間に何百回も起きるわけではないだろう。一方、現代では都心部の交通量の多い交差点では日中の1時間あたり、約5000台近くの車が行き来する。車のスピードなどを考えると、8章で述べた、渋谷の交差点の行き来のルールはとても使えない。もし使ったとすれば大渋滞、事故が頻発することは必至だろう。そうならないのは、むろん交通のためのルールがあるからだ。レーンがあり、信号があり、交通法規があるおかげで、大量の車の行き来が可能になっている。

そういう社会制度を作り、教育するというのは一つの方法だが、認知バイアスをうまく利用した、つまり人間の頭‐身体の働きに合わせた環境のデザインという方法もある。韓亜由美らはシークエンス・デザインという独創的なフレームワークの下で、高速道路における車両のスピードのコントロールを行うオプティカル・ドット・システム（ODS）を開発した。これは道路上に楕円状のパターンを道路線形の変化に応じて格子状に配置するというものだが、この列の間隔を変化させることにより、ドライバーはふつうに運転しているときには感じにくい勾配を知覚できるようになる。もしこの間隔が狭まるような配置にすると、ドライバーは加速感によってスピードを出し過ぎていると感じてスピードを落とし、間隔が広がると減速感を感じスピードを出すようになるという。

これが素敵なのは、ドライバーにそうした自覚が生じないということだ。「スピードを出し過

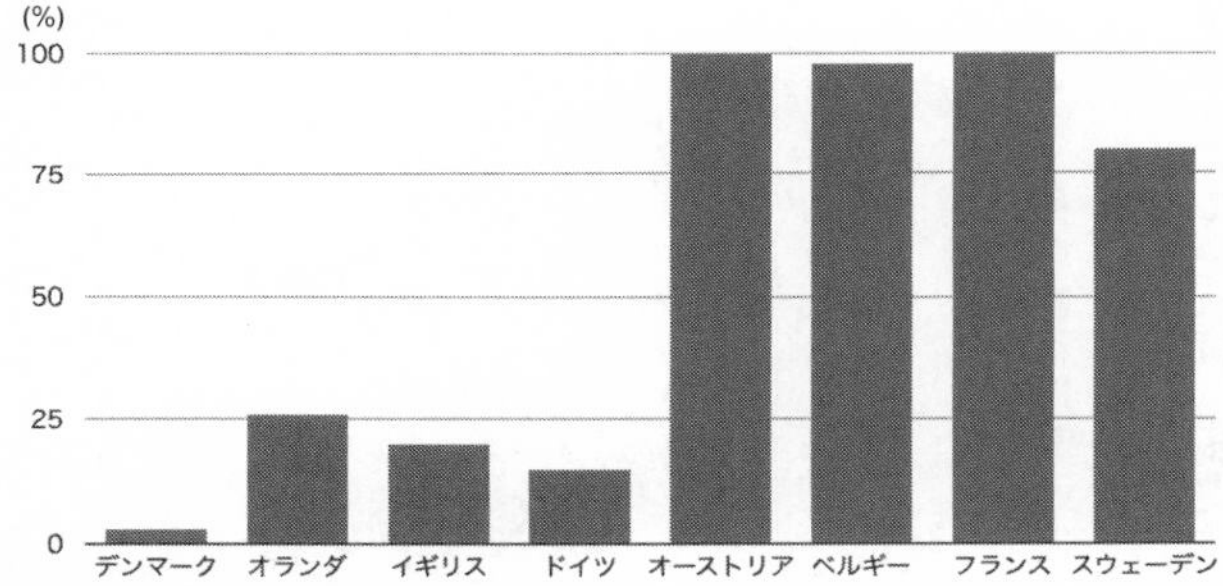

図9・1　何の割合だろうか
山田歩（2019）。『選択と誘導の認知科学（認知科学のススメ）』新曜社。

ぎているという感じ」と書いたが、意識的に感じているわけではない。にもかかわらず、スピードの調節を行うのである。つまり認知的な負荷がまったくかからない状態でスピードの調節が行えるというのが、このシステムのツボとなる。このシステムはVRを用いた被験者実験を経て、実際の高速道路に導入、6年にも及ぶBefore & Afterの比較テストが行われ、減速効果が持続した結果から速度制御策として定着している。

これは知覚レベルの認知バイアスを扱ったものだが、他にもある。図9・1を見ていただきたい。これは、この図にあるヨーロッパのいろいろな国の人たちが何かをした割合である。初見でこれを当てられる人がいたら、相当にこの分野に詳しい人だと思う。

実はこれは臓器提供を承諾した人の割合を表したものである。そう言われてもどうしてなのかはわからないと思う。デンマーク、オランダが少ないが、地理的にすぐお隣のベルギーはすごく高い。ドイツは低いがお隣、かつ同一民族のオーストリアはほぼ100パーセントなど、とても複雑なパターンを示しており、地域性、国民性などというものでは括れない。図の右側の高い比率の国では、臓器提供の意義を伝える教育、広告などが盛んなのだろうか。

実はこれにはとても簡単な説明がある。それは臓器提供を承認するための手続きである。左側の低い比率の国はオプトインといって、提供する意思がある場合に「提供する」という欄にチェックを入れるようになっている。一方、右側の高い比率の国はオプトアウトといって、提供したくないという意思がある場合に「拒否する」という欄にチェックを入れるようになっている。他の理由もあるかもしれないが、これが図9・1を説明するための、とても簡単な理由なのである。

皆さんも保険証をお持ちだと思うが、その裏を見ていただきたい。臓器移植の可否に関わる質問が書かれているはずだ。「こんなのあったのか」という人が大半だと思うし、見たことがあっても「まあ面倒なので」ということでスルーしていた人もいると思う。別に批判をしたいわけではない。私もこれに関連する本を読むまで知らなかった。そういう私のような人が、もしデンマークやイギリスに住んでいれば「臓器提供拒否者」とカウントされるし、スウェーデンやベルギーに住んでいれば「臓器提供承諾者」とカウントされるわけである。

つまり人は手抜きをするのだ。保険証をもらえばその裏側まで目を通したりしないいし、説明書きなどを熟読などはしないいし、難しい判断が必要なことはペンディングにしておく。人のそうした傾向性（これを認知バイアスと呼ぶべきかは疑問だが）が、上記の臓器提供者の違いを生み出しているのである。もし臓器提供を増やしたいというコンセンサスが社会的に得られているのであれば、オプトアウトを使うことはとても効果的だろう。ただこれは家族内のコンセンサスが得られていない場合には、いわばだまし討ちのようなことになる危険性も含んでいると思う。

こうしたソフトなデザイン、働きかけは、２０１７年にノーベル経済学賞を受賞したリチャード・セイラーが、法学者のキャス・サンスティーンとともに著した本の中で、ナッジ（nudge）と呼ばれている。ナッジというのは訳しにくい言葉なのだが、この文脈では、軽く肘で相手をついて、ある行動を促すというような意味合いである。法律、命令、注意書きのような強制性を持つ手段ではなく、もっとソフトに人をある方向へと導くようなことを指す。この考え方は相当な普及力があり、ヨーロッパ諸国では行政レベルで、ナッジを取り込んだ政策が提案、実行されている。

人は文明を作り出すことで環境自体を変えてきた。むろん2章で見たメディアのように、いまだに私たちの認知システムがうまく適応できない環境もある。またこうしたことをさらに加速する、リコメンデーションシステムなども現れ、バイアスはさらに加速される危険性もある。いわゆるフィルター・バブルというやつだ。しかし一方、人が暮らしやすいように環境を変化させることも行ってきた。こうしたことの設計の一つの指針として、人のバイアスをうまく利用する、うまく回避する、そうした環境デザインの仕組みも取り入れられてよいはずだ。

9.10 人の知性、そしてAI、チンパンジー

この章では二重過程理論をまず最初に取り上げ、その認知バイアスについての考え方があまり生産的ではないと述べた。その理由は、文脈依存性や限定合理性という問題が絡むからであると指摘した。またさらに（自爆気味にもなるのだが）、実験の設定があまりに人工的であったり、人を間違いへと誘導するものである可能性も指摘した。

そして認知バイアスがもたらすと喧伝される人の愚かさを裏側から検討し、修繕屋としての、ブリコラージュする存在としての、人間の姿について述べた。人の知性は、人の住む環境の中で、そして人の生物学的な条件の下で作り出されたものである。限られた注意資源、勝手に繋がりを作り、作話をしてしまう記憶、自分のコントロールの及ばない無意識的な処理、諸刃の剣である言語の利用、そういう生物学的な条件、そして社会との協調およびそれがもたらす軋轢《あつれき》という環境の条件の中で私たちの知性の基本は作り出された。また、今後現れるであろうすべての状

況に事前に準備するわけにはいかないので、ここ数万年くらいはあり合わせのものでブリコラージュしながら修繕屋として生活してきたのである。だから、それを度外視した状況を勝手に設定して、そこで人間の知性を論じたりしても意味がない。

近年、メディアで話題になるものに、ＡＩに人間は勝てるのか、ＡＩは人間に勝てるのか、というものがある。以上のことから考えると、こうした問い自体が馬鹿げたものであることがわかると思う。ＡＩは食事の心配をする必要がない、恋人を探す必要もない、社会との調和を考える必要もない環境で作り出されている。だいたい洗練されたＡＩがやることは、一つの課題だけだ。またその処理に用いられる計算資源は膨大で、人間とは容量、スピードともに桁が数十以上違っている。こうしたものが見せる知性が、人とはまったく似ていないものになることは想像に難くない。

そういうまったく別種のものを比較すること自体がナンセンスだろう。コンパスと傘はどちらがより便利かという問いがナンセンスなのと同じだ。ＡＩがうまく働く環境を用意すれば、ＡＩが人間を凌駕するのはその計算パワーからして当然だ。ＡＩが想定していない状況を与えれば、それはうまく働かないし、人間以下になることも確実だ。

同様のことは他の生き物たちとの比較についても言える。人間は進化の頂点にあり、もっとも高度な知性を持っている、チンパンジーはまだまだだ、などという話もよく聞く。これもナンセンスだ。人間が人間社会の中で必要とされ、訓練されてきた課題を用いれば、チンパンジーが人間に勝つ見込みはまずない。でも私たちが素っ裸にされ、何も持たずに、チンパンジーたちの生息環境に放り込まれれば、瞬く間に死んでしまうだろう。つまりその環境では彼らの方が賢いのだ。

どうも人はなんでも一次元上に並べたくなるような傾向を持っていると思う。これを認知バイアスという人はあまりいないが、そういう傾向はやめたほうがよい。ああ、あと受験偏差値も忘れずに。

ブックガイド

①『心は遺伝子の論理で決まるのか：二重過程モデルでみるヒトの合理性』スタノヴィッチ（2008）みすず書房

②『なぜ直感のほうが上手くいくのか？：「無意識の知性」が決めている』ギーゲレンツァー（2010）インターシフト

③『類似と思考　改訂版』鈴木宏昭（2020）ちくま学芸文庫

④『ワードマップ批判的思考：21世紀を生きぬくリテラシーの基盤』楠見孝・道田泰司（2

015）新曜社
⑤『子どもの知性と大人の誤解：子どもが本当に知っていること』シーガル（2010）新曜社
⑥『認識の史的発達』ルリヤ（1976）明治図書
⑦『野生の思考』レヴィ＝ストロース（1976）みすず書房
⑧『現れる存在：脳と身体と世界の再統合』クラーク（2012）NTT出版
⑨『実践行動経済学』セイラー・サンスティーン（2009）日経BP
⑩『選択と誘導の認知科学（認知科学のススメ）』山田歩（2019）新曜社
⑪『認知科学の方法』佐伯胖（1986）東京大学出版会
（⑫『よい判断・意思決定とは何か』本田秀仁（近日発売予定）共立出版）

二重過程理論については4章のブックガイドで挙げたマンクテロウに加えて、システム2の先を考えようとする❶が刺激的だ。ギーゲレンツァーの翻訳書は何冊も出版されているし、いずれも読みやすいのだが、ここでは取り上げた例などから❷を挙げておく（むろんこの本も面白い）。場面によって変わるというような表層的な意味を超えて文脈依存性を考えたい方は、❸を読んでいただきたい（自分の本で申し訳ないが）。本当に少ししか触れなかったが（またその理由もあるのだが）、批判的思考については❹がわかりやすい導入となっている。子供の発達の部分で述べた話は、今は亡き友人のマイケル・シーガルの研究に触発されたものだ。そういうことで❺を挙げる。❻は本文中で引用した文献である。９・８節で触れたレヴィ＝ストロースの❼はいうまでもないだろうが、アンディ・クラークによる❽は本当に真剣に読むべき本だと思う。❾はナッジの提唱者たちによる著書である。❿は人の無意識の選択傾向と、それを誘導する方法を論じた良書である。臓器提供についてのデータはここから得た。⓫はかれこれ30年以上前に私の恩師が書き上げた傑作である。本章の骨子は、この本に強く影響を受けている。また⓬は認知バイアス分野の第一線で活躍中の研究者による、最新の成果を盛り込んだ書籍である。

おわりに

結局、人は賢いのか、バカなのか

私たちはさまざまな活動を行う。そのためにいろいろな道具を開発してきた。料理、裁縫、木工などにはそれぞれ固有の道具があるし、学習やビジネスのためにも道具がたくさんある。こうした道具をうまく組み合わせて使うことで、やりたいこと＝ゴールを達成する。

認知も同じだ。私たちは知覚・注意、記憶、概念、推論、そして本書で紹介したさまざまな認知バイアスなどの「認知的な道具」を進化の過程で獲得してきた。そしてさまざまな種類の認知的タスクに応じて、これらの中身を学習を通して充実させてきた。そして充実した認知的道具をさまざまに組み合わせて、事態に対処している。朝起きて着替えをする、朝食をとる、出勤する、仕事をする。この中の着替えをするということだけをとってみても、その中に含まれる認知的タスクはたくさんある。着ていく服を考える、それがある場所を探す、組み合わせを考える、脱いだパジャマを所定の場所に片付ける。その後に行う、洗顔、歯磨き、化粧・髭剃りなどにもたくさんの認知的タスクが含まれている。こうした場面では、知覚・注意、記憶、概念、推論などの「認知的な道具」が総動員される。そしてそれらは出勤するという目的のために絶妙のコンビネーションで働く。

料理の時に用いるさまざまな道具がたいがいの場合うまく働くように、こうした認知的道具は日常的な場面ではなんの問題もなく働く。だから鍋自体が誤りだ、スマホは間違っているというのはナンセンスなのと同様に、認知的道具自体が間違っているということはナンセンスだ。もしこういう意味、つまり認知的道具自体が非合理、非論理だという意味で認知バイアスという言葉を用いるならば、それは間違っている。認知バイアスは、人間の本能でも、生得的な性質でもない。それは文脈によってバイアスになったり、私たちの支えになったりしてくれるものなのだ。それが最後の章の「認知バイアス」バイアスが意味することだ。

一方で変化のスピードはどんどん上がっているように思う（今後もそうなるかはわからないが）。この時、最後の章で述べたように、今後のことを見越して、事前に認知的道具を揃えておくことは難しい。将来が予測できないこともあるし、その準備に相当な認知的労力が必要になることもあるからだ。そうした次第だから、今まで人類として築き上げてきた道具、自分が経験の中で開発し、研ぎ澄ませてきた道具を組み合わせて、新しい難題にチャレンジする他方法はない。

幸いなことに、ナッジに代表されるような環境のデザインも徐々に社会に浸透してきているように思う。これは私たちが間違わなくても良いところで犯してしまう間違いを少なくしてくれる可能性がある。また、あるいはＡＩの飛躍的発展などが、私たちの認知的な道具箱に、新たな道具として加わってくれる可能性は高い。この道具がオレより賢いかなどという意味のない疑問はやめて、さっさと上手に使えば良い。現代のプロの棋士たちはみんなそうやっている。

本書で記したことが、自らの認知的道具のレパートリー、その用途について、何らかの新しい情報を読者に伝えられたとすれば、著者として本望である。

鈴木宏昭

２０２０年９月

〈ま行〉

〈や行〉

〈ら行・わ行〉

〈数字／アルファベット〉

〈た行〉

〈な行〉

〈は行〉

さくいん

〈あ行〉

〈か行〉

〈さ行〉

N.D.C.140　262p　18cm

ブルーバックス　B-2152

認知《にんち》バイアス　心《こころ》に潜《ひそ》むふしぎな働《はたら》き

2020年10月20日　第 1 刷発行
2023年12月12日　第14刷発行

著者　鈴木宏昭《すずきひろあき》
発行者　髙橋明男
発行所　株式会社講談社
〒112-8001 東京都文京区音羽2-12-21
電話　出版　03-5395-3524
販売　03-5395-4415
業務　03-5395-3615
印刷所　（本文印刷）株式会社ＫＰＳプロダクツ
（カバー表紙印刷）信毎書籍印刷株式会社
製本所　株式会社国宝社

定価はカバーに表示してあります。

©鈴木宏昭　2020，Printed in Japan
落丁本・乱丁本は購入書店名を明記のうえ、小社業務宛にお送りください。送料小社負担にてお取替えします。なお、この本についてのお問い合わせは、ブルーバックス宛にお願いいたします。

本書のコピー、スキャン、デジタル化等の無断複製は著作権法上での例外を除き禁じられています。本書を代行業者等の第三者に依頼してスキャンやデジタル化することはたとえ個人や家庭内の利用でも著作権法違反です。

Ⓡ〈日本複製権センター委託出版物〉 複写を希望される場合は、日本複製権センター（電話03-6809-1281）にご連絡ください。


ISBN978−4−06−521951−5

発刊のことば

科学をあなたのポケットに

二十世紀最大の特色は、それが科学時代であるということです。科学は日に日に進歩を続け、止まるところを知りません。ひと昔前の夢物語もどんどん現実化しており、今やわれわれの生活のすべてが、科学によってゆり動かされているといっても過言ではないでしょう。

そのような背景を考えれば、学者や学生はもちろん、産業人も、セールスマンも、ジャーナリストも、家庭の主婦も、みんなが科学を知らなければ、時代の流れに逆らうことになるでしょう。

ブルーバックス発刊の意義と必然性はそこにあります。このシリーズは、読む人に科学的に物を考える習慣と、科学的に物を見る目を養っていただくことを最大の目標にしています。そのためには、単に原理や法則の解説に終始するのではなくて、政治や経済など、社会科学や人文科学にも関連させて、広い視野から問題を追究していきます。科学はむずかしいという先入観を改める表現と構成、それも類書にないブルーバックスの特色であると信じます。

一九六三年九月

野間省一